昭和二十年

第10巻　天皇は決意する

鳥居 民

草思社文庫

昭和二十年　第10巻　天皇は決意する　目次

第29章 天皇、皇太后、直宮《じきみや》、内大臣（六月九日）

第30章 ルーズベルトとグルー（六月九日）

第31章　近衛、木戸、天皇（六月九日）

第29章

天皇、皇太后、直宮《じきみや》、内大臣（六月九日）

孤独な天皇

今日は六月九日だ。土曜日である。東京は珍しく晴天だ。梅雨《つゆ》入りしたかのような曇りの日、雨の日が何日もつづいて、今日のような上天気は六月五日以来だ。

天皇は第八十七臨時議会の開院式に出席しなければならない。朝早く、宮内省庁舎の宿直の侍従武官に市谷台から電話が入る。本土に近づく敵航空部隊の動きを知らせてくる。

マリアナ諸島からのB29の来襲はまずロタ島守備隊の無線が爆撃機の数、発進時刻を市谷台に報告する。

ロタ島はテニアン島とグアム島のあいだにある。わが方が確保をつづけている。守備隊が三千人近くと一万四千人の住民がいる。

このさきで、マラリアと飢えで兵士たちが死んでいく島々の状況を記さねばならないが、ロタ島のことに触れておこう。ロタ島もほかの島と同じで、敵側にも見捨てられたのだと知るまで、陣地づくりと訓練に懸命となり、さつま芋を栽培するのが遅れた。そこで昨年十月、十一月、十二月には飢餓がひろがったが、マラリア原虫がいないことが幸いして、住民と兵士の死は三千人近くにとどまった。昨年の末になってさつま芋の収穫がはじまり、とうもろこし、オクラも食べられるようになり、兵士、住民の飢えはとまり、芋から酒をつくり、畑に煙草の種を蒔くようにもなっている。付け加えるなら、空襲は毎日つづくにもかかわらず、敵の銃爆撃による死者は現在まで二百人足らずである。(1)

このロタ島からは、晴れた日に島の標高五百メートルの山に登れば、北のテニアン島とサイパン島、南にあるグアム島がはっきり見える。ロタ島からグアムまで五十キロ、テニアンまで百二十キロだ。テニアンのさきにあるサイパンは狭い水道を挟むだけだ。

敵側にとって、B29の出撃を東京に告げ、アメリカ本土からの新着機の数を報告するロタ島の存在は目の上のたんこぶだが、ロタ島の深い横穴壕に潜む日本軍と戦うことになっての犠牲を恐れて、日課の爆撃だけにとどめている。

もっとも、厚木や松戸、調布、成増の基地からB29迎撃に飛び立つこちらの戦闘機の数が五百機、八百機にのぼり、来襲する敵機の二割、三割を撃墜するという事態になっていたら、敵側は偵察基地ロタ島を目の仇にし、三千人、五千人の死傷者を覚悟で海兵師団をロタ島に上陸させることになったであろう。

サイパン、テニアン、グアム、現在どの島にも、ロタ島守備隊の三倍、四倍の数の爆撃機乗組員、整備員、地上員がいる。そして、B29用の三千メートルにおよぶ滑走路が何本ものび、それを結ぶ駐機場があり、整備工場、倉庫、カマボコ兵舎、食堂が立ち並んでいる。

日本本土に爆撃に向かうB29はこれらの島から飛び立ち、上空で円を描き、やがて北へ向かう。そして十六時間後に、北から一機また一機と戻ってくる。

北の空を監視するロタ島の兵士たちは帰ってくるB29の数も数える。昨年十二月から今年一月、二月、三月には、戻ってきた数が往きの数より四機少ない、六機少ないと撃墜数を推計して、だれもが喜んだが、やがて戻ってくる数は往きの数と変わらなくなった。たとえ往復の機数が合わなくても、撃墜されたとはかぎらず、敵の手に渡った硫黄島に不時着陸するものがあると知って、帰ってくる数を数える張り合いをなくしている。かれらをさらに気落ちさせているのが、まっすぐ東の方角から飛んでくるB29の新着機が増えつづけ、出撃するB29の数が増えつづけてきていることだ。

今朝はロタの守備隊から午前二時前に最初の知らせが市谷台に届いたのであろう。つづいては小笠原諸島の監視哨から知らせが入る。だが、敵の攻撃目標は関東なのか、中部地方なのか、関西なのかはぎりぎりまでわからない。

午前八時、敵は関西を攻撃し、つづく爆撃目標は名古屋とわかる。

議会が開催される。

午前八時五十分、天皇は国会議事堂に向かう。侍従長、侍従一人、武官長、二人の侍従武官、宮内大臣、侍医がお供だ。天皇は開院式の勅語を読む。賢所《かしこどころ》あるいは新嘉殿《しんかでん》で告文を奏するのと同じ抑揚、独特の口調で天皇は読み上げる。三分足らずだ。九時三十分、議事堂をあとにする。

今日は土曜日だから、週一回、天皇は生物学の研究をする。天皇の生物学の教師であり、御用掛と呼ばれる服部広太郎が御所に来る。

昨年の十一月はじめから天皇は研究所へは行かない。研究所にはすでに兵士たちが寝泊まりしており、吹上《ふきあげ》御所に研究室を移している。

午前十時四十分から、天皇は保存液で永久保存されているヒドロ虫類の種の同定をはじめる。昼過ぎまでの約一時間半、十二時十五分まで天皇は顕微鏡を覗く。

今日はこのあと午後一時半に内大臣の木戸幸一が来る。そのあと大連から帰国したばかりの参謀総長、ほかに軍令部総長、首相の奏上、内奏がある。

天皇は昼間は忙しい。天皇が主持しなければならない大祭、小祭が一年中ある。歳旦《さいたん》祭《さい》、元始祭《げんしさい》にはじまり新嘗祭《にいなめさい》、賢所のお神楽《かぐら》までがあり、神武天皇祭にはじまり、先帝祭、先帝以前三代の式年祭《しきねんさい》がある。さらに儀式がある。親補式、親任式、軍旗親授式が月に数回ある。そして、毎日の拝謁がある。首相、統帥部総長、国務大臣の上奏、内奏が主となる。その間に宮廷高官の内大臣、侍従長、宮内大臣、武官長の報告を受け、指示を与えなければならない。

天皇は原則として夜はだれとも会わない。もっとも土曜日は例外だ。空襲がなければ、侍従や侍従武官、侍医、女官が夕食の相伴にあずかる。飾りのない、ささやかな食事会で、天皇、皇后のほかテーブルは六人までだから、輪番ということになる。もっとも、今夜は「ご相伴」はない。(2)

天皇には、信頼する将官や政治家を気軽に招き、食事をともにし、語り合うという習慣はない。ほかの国の国王、政治指導者とは大きくちがう。気の合った友人や部下たちを集め、前に何回も語った思い出話を繰り返すこともなければ、希望する未来の物語をするといったこともない。

今年一月十七日に天皇が南京から帰国した陸軍元帥を夕食会に招いたのは珍しいことだった。天皇がもっとも好意を持つ軍人、畑俊六《はたしゅんろく》を招いたのだが、その集まりにしたところで、内大臣、宮内大臣、侍従長、武官長、皇后宮大夫《こうごうぐうだいぶ》、女官長が陪席するといった、(3)まことに堅苦しいものだった。

土曜日の夜以外、天皇は皇后良宮《ながみや》と食事をとる。二人の親王、十一歳で学習院初等科六年生の皇太子の継宮《つぐのみや》と九歳の義宮《よしのみや》は学園疎開で日光の田母沢の御用邸にいる。近くにある金谷《かなや》ホテルが「学習院日光学寮」だ。全施設を借り切り、初等科、中等科の学寮にしている。三人の内親王、十五歳になる孝宮《たかのみや》、十四歳の順宮《よりのみや》、六歳になる清宮《すがのみや》はこれまた学園疎開で塩原にいる。

毎晩の食事のあと、天皇の私生活がはじまる。ときたま天皇は御文庫内の常侍官候所を訪ねる。当直の侍従、侍医、侍従武官がいる。天皇は戦いや政治の話をしないし、だれもこうした問題には触れない。宮城内の植物や鳥、そして海産動物の話になるが、だれもが天皇のお供をしての知識しかない。天皇は一時間足らずで引き揚げる。(4)

天皇が居間に入ってとりかかるのは貝の分類である。葉山の海岸での貝の採集は十四歳のときにはじめた。その後、アメリカとの戦いがはじまるまで、葉山沖でドレッジを曳いて海底の動物を採集してきた。その際に一緒にドレッジに入ったツノガイや二枚貝を集めた五千点を越す標本がある。

机だけに光がとどく灯火の下、天皇は木箱から紅色の殻の厚い巻貝を取りだし、これは何科の何属だろうかと考え、図鑑をめくる。体長一センチほどの小さな貝にルーペをあてる。だが、その作業に集中できないこともときにあろう。記入された採集年月日に目が移れば、その年のその月に起きた外交事件、軍事作戦を思い起こすこともあるにちがいない。そして、今年四月はじめの戦艦大和のむなしい沈没、これまたむなしい期待に終わった五月はじめの沖縄守備隊の反攻、これも希望をつなぐことができなかった最後の秘密兵器、桜花のこと、天皇はつぎつぎと思いだし、さらには日本の行く末のことが頭に浮かぶのではなかろうか。

天皇は日本はどうなるのかと考えて、なにを思うのであろう。当然ながら、ヒトラーやムッソリーニの死のことを考えたことはある。

ヒトラーは四月二十九日にベルリン官邸の地下防空壕で結婚したばかりの愛人とともに自決した。その一日前の四月二十八日、ムッソリーニはコモ湖畔の町で愛人とともに共産党のゲリラ部隊の手で殺害された。

「ヒトラー総統薨去《こうきょ》す」の特電が新聞に大きく載ったのは五月三日だった。このことは前に記した。(5) その前日の五月二日、天皇はヒトラーの逝去を木戸幸一から聞いたとき、少なからぬ衝撃を受け、胸が波打ったにちがいなかった。このことについてはこのさきで述べることになる。

だが、ヒトラーは皇帝ではなかったし、ドイツは王国ではなかったのだと天皇が思ったことは間違いなく、何回も思い返すことはなかったにちがいない。

ヒトラー、ムッソリーニのことはともかく、天皇はイタリア王国のことをどう思っているのであろう。イタリアでは国王が昨年六月に退位し、皇太子が摂政となった。アメリカの圧力があっての退位だったことは天皇も承知していよう。同盟国を裏切り、戦争を放棄し、一昨年九月に米英と休戦条約を結んでしまったイタリアのことは、天皇の意識の外にあるのか、それともときに思いだすことがあるのだろうか。

天皇がときにふれて思い浮かべてきたのは、第一次大戦が終わって、ヨーロッパにそびえ立つ三つの王国が敗北とともに滅んだことであろう。

大正七年七月、ロシア皇帝の一族は殺害された。三カ月半あとの十一月にドイツ皇帝は退位し、同じ月、オーストリア皇帝は政権を放棄した。

ところで、天皇はこれら三つの王国の敗北と王制の崩壊の歴史書を読んだことがあるのだろうか。

天皇は成人してからは生物学の専門論文を読む以外、小説のたぐいはもちろん、歴史書も読んだことはないのではないか。

書斎の本棚を大きく占めているのは、「動雑《どうざつ》」と呼ばれ、天皇もそう呼んでいる季刊の「動物学雑誌」である。すでに刊行を中止しているが、明治半ばからのバックナンバーがすべて揃っている。昨年十一月に天皇が生物学御研究所に通うのをやめた際、これらの専門誌は研究所から運ばれてきた。べつの本棚には生物学関係の研究書、植物図鑑、昆虫や鳥の図鑑、海産動物の図譜が並んでいる。

書斎の本棚には歴史書がないわけではない。「西洋史講話」がある。明治の末期に出版された分厚い本だ。全二巻の「仏蘭西大革命史」もある。(6)

天皇がはっきり記憶している歴史学者は、東宮《とうぐう》御学問所時代の教官だった白鳥庫吉《しらとりくらきち》であろう。かれは大正三年から十年まで東宮時代の天皇に国史、東洋史、西洋史を進講した。「国史」と「東洋史」の教科書は白鳥自身が執筆した。「西洋史」の教科書は箕作元八《みつくりげんぱち》の著作を使った。箕作は、天皇の書棚に並ぶ「西洋史講話」「仏蘭西大革命史」の著者である。

白鳥庫吉の講義はつまらなかった。これは白鳥自身が承知していたことだ。東宮御学問所総裁の東郷平八郎と倫理教師の杉浦重剛《しげたけ》があれこれ口をはさみ、教科書を無味乾燥なものにしてしまったと白鳥は嘆いたのだという⑦。

箕作元八の西洋史の教科書には邪魔は入らなかったのであろう。天皇が記憶しているのは、ローマ史の断片であり、ローマ帝国がどのようにして滅んだというようなことではなかったか⑧。

ついでに述べておこう。天皇は東宮時代に箕作元八のすぐ上の兄、箕作佳吉《かきち》の名前を覚えたはずだ。高輪の御学問所にはじまり、つづいて宮城内の生物学御研究所で、天皇がずっと「先生」と呼んできた服部広太郎が東京帝大で学んだときの先生が箕作佳吉だった。

箕作佳吉はアメリカの大学で動物学を学び、帰国して東京帝大で最初の動物学教授となった。かれは明治十九年に三崎臨海実験所をつくった。かれが明治三十年代ずっと三崎で研究していたのはナマコの分類だった。

天皇が東京帝大付属三崎臨海実験所を訪れたことは四回あった。昭和三年に一回、大正時代に二回、最初は箕作佳吉が没した翌年の明治四十三年だったから⑨、のちに天皇は「動物学雑誌」に載った箕作のナマコについての論文を読んだことはあったろうが、少年時代にかれからナマコの説明を聞くことはなかったのである。

余計な話をするなら、日本の動物学と名のつく学問の研究範囲は非常に狭く、開祖、箕作佳吉の研究分野だった海産の無脊椎動物の生理学と定められている。牛や馬、豚の研究などとんでもない、そんなものは畜産学科がする仕事だ。哺乳類、鳥類、昆虫の研究は一切しない。天文学を看板に掲げながら、木星とその十六個を越す衛星の研究以外は許さないというのと同じだ。

箕作佳吉の弟子の服部広太郎も、孫弟子の天皇もその定めに従い、研究課題は海産の無脊椎動物である。腔腸《こうちょう》動物のひとつ、ヒドロ虫類である。天皇の研究は分類学《タキソノミー》だ。公務のあいだのわずかな研究時間だから、天皇は生理学に踏み込むことを避けてきた。生理学は時間をとられるうえに、実験をはじめたら途中で中断できない。

なお生物学御研究、生物学御研究所と呼び、動物学と言わないようにしているのは、その昔、侍従長、東宮大夫《とうぐうのだいぶ》、東宮御学問所の総裁や幹事といった人たちが論議して、将来の帝王が動物学を趣味とされるのはいかがなものであろうかと顔をしかめ、しかたがない、せめて生物学の名称にしたらどうかという経緯があってのことだったと思える。ところが、天皇は那須御用邸で変形菌植物の採集、研究もするようになったから、生物学御研究の名称にしたのは正解だった。

付け加えるなら、侍従長、東宮大夫を相手に皇太子のために生物学御研究所をつくるべきだと頑張り通したのが、侍従、のちの式部官の土屋正直《まさなお》である。常陸《ひたち》土浦の殿様の家系である。男爵だ。昭和十三年に没した。

もうひとつ付け加えよう。天皇の生物学研究がヨーロッパの王族たちの「生物愛好」とは異なり、大型動物、豪華昆虫、華麗な花を研究の対象に選ぶことなく、ヒドロ虫類と変形菌植物の分類学の研究を専門としてきたということは[10]、天皇が几帳面、律儀な性格であるだけではなく、なにごとにも謙遜な態度を示すものなのであろう。

さて、天皇の書棚のことに戻れば、箕作元八の「世界大戦史」もあるのだろう。大正八年に刊行された「世界大戦史」はすべてを弟子七、八人の分担執筆に任せ、箕作はこれに手を入れる前に没した。上下二巻、三千頁の大冊である。「欧州戦争に於ける新兵器」といった章まであり、「鉄兜」、「鉄兜とは名の如く鋼製の兜にして」[11]といった説明がつづくが、ドイツ敗北の直前、連合国のあいだで、戦争責任者処罰の問題はどのようにして起きたのか、ドイツ皇帝とドイツ政府はどのように対応したのか、どのようにすべきだったのか、思いとどめるべき事柄はなんであったのかを知ろうとしても、この本はなんの役にも立たない。

天皇が「世界大戦史」をひろげたのであれば、失望したはずである。天皇はほかには第一次大戦史を読んだことはなかったにちがいない。

では、天皇はだれからか帝政ドイツ滅亡の話を耳にしたことはあるのか。ある。杉浦重剛の倫理の講義のなかで、ウィルヘルム二世を論じたのを聞いたことがある。天皇はいまなお記憶しているかもしれない。皇太子だった天皇は十九歳だった。大正九年秋のことであり、東宮御学問所の七年生、終業の前年だった。

「前独逸皇帝ウイルヘルム二世の事」と題する講義のなかで、杉浦はつぎのように説いた。

「露国のロマノフ王朝が倒壊するに当たりても、十数万の貴族中、一人として起って王事に身を捧げたるもの無きなり。独逸は露西亜より更に強固なる国家なりしも、ウイルヘルム皇帝の倒るるに当たりて又猛然として起って皇帝の為に死力を致したるものあるを聞かず。是れ一半は歴史の自ら然らしむる所なるも、亦一半は皇帝及び上流諸士の自ら招く所の禍なりというべし⑫」

最後の元老の重大な怠慢

天皇は政府と軍のそれぞれの正式メンバーを接見し、内大臣の助言を聞く以外、ほかのだれからも政治、外交、軍事問題の言上を受けないという原則を守ってきている。天皇は引退した長老政治家を随意に接見するといったことをしないし、思いついて学界の権威を招くといったこともしない。ほかの国の最高指導者は個人的な助言者の一団を持つのが当たり前だが、天皇にはそのような助言者はいない。天皇は政府と軍の責任者以外の人びととの会話からなにかを汲み取ることはできない。

もう少し説明しよう。

天皇はひとつ年下の秩父宮との口論にひどくこたえたことが、この原則を遵守させる原因となったのであろうとは前に述べた⑬。

前に語ったもうひとつのことは、東宮時代の倫理の教師、杉浦重剛の教育に原因があったのではないかということだ。有徳の君主は司々の責任者を尊重しなければならないと皇太子に講義したのかもしれない。

だが、杉浦について語らねばならないのはべつのことであろう。

天皇の皇太子時代のことになるが、大正八年、五月八日、満十八歳の成年式の祝宴が、いまはない宮中豊明殿で開かれた。わが国最上層部の一千三百人の人びとが参集した大盛宴であり、千草の間から東溜《ひがしだまり》の間まで、袖に金モールを巻きつけた礼服、胸に数多くの勲章、そして肩から色とりどりの幅広い纓《えい》を掛けた人たちであふれた。ところが、この大祝宴で皇太子はなんの挨拶をすることもなく、参加者の祝辞になにも答えなかった。

皇太子は人と話そうとしない、これは東宮御学問所の教育方法に大きな誤りがあったのだと囁かれていたが、まさにそのとおりだった。つづいて四日間、霞ヶ関離宮で、関係者を招いての午餐会がつづいた。このとき皇太子は出席しなかったが、宮内省、東宮御所、御学問所の関係者を集めての五月十二日の祝宴には出席したのではないか。そのときも、なにも挨拶しなかったのであろう。前に学習院院長だった型破りの軍人、三浦梧郎が激しく怒った。かれは東宮大夫、⑭御学問所の副総裁の浜尾新に向かって、殿下が お話しできないのは君の責任だと難詰した⑭。

浜尾新《あらた》は文部省の役人から出世して前後二回、東京帝大総長となった。最初は五年間弱、そのあと文部大臣を挟んで七年間弱にわたって東京帝大総長をつとめ、名総長とうたわれた。経歴が示すとおり、かれは教育行政の大家だった。大正三年、六十五歳のときに東宮大夫となり、大正十年までつとめ、大正十四年に没したときには枢密院議長だった。謹厳な性格だったが、話の長いことで知られ、たいへんな訥弁であるにもかかわらず、話しだしたらとまらなかった。かれから電話がかかってくると、だれもが電話室に椅子を持ち込むことになり、叱責される学生は二時間に及ぶ説教を覚悟しなければならなかった。

前日本中学校長の杉浦重剛は、東京開成学校の前身、大学南校で学んだ昔に、大学の校長補だった浜尾の世話になったことがあった。杉浦を皇太子の倫理学の教師に指名したのは浜尾だった。弟子たちを集め、雑談をつづけるのは、杉浦が大いに好むところだった。

およそ寡黙からは遠いこの浜尾と杉浦の二人が、未来の君主はその発言に細心の注意を払わねばならないこと、国務大臣と討論することはないまでも、かれらに説得力のある話ができ、どのような「内旨《ないし》」を与えるか、言葉の選び方がなによりも大事だということにまったく気づかなかったのは不思議なことだった。

なるほど「詔勅」「詔書」は天皇が筆をとることはない。軍令部総長がこの大勝利に「勅語を頂戴できればまことにありがたいと思います」と言上して許しがでれば、海軍側が侍従武官に宛てて文章を送ってくる。天皇はそれに署名するだけのことだ。

今日にしても同じことだった。天皇は首相官邸から届けられた開院式の勅語を読みあげた。

「曩《さき》ニ世界ノ大局急変シ　敵ノ侵寇倍〃《ますます》猖獗《しょうけつ》ヲ極ム　正ニ敵国ノ非望ヲ粉砕シテ　征戦ノ目的ヲ達成シ　以テ国体ノ精華ヲ発揮スヘキノ秋《とき》ナリ」

だが、「思し召し」「御諚《ごじょう》」「御沙汰」となれば、その一言一句は当然、天皇みずからが選んだ言葉を使うことになる。

ましてや大元帥を兼任する天皇は、戦争が近づいたときに、そして戦争となって、参謀総長、軍令部総長の奏上を毎日、あるいは隔日に受けることになり、前日の戦況についての説明資料が翌朝、届けられることになる。天皇はだれの助力も受けないまま、耳にし、目を通した情報を理解、検討し、参謀総長、軍令部総長に自分の考えを正確に伝えなければならなくなる。侍従武官長、侍従武官は陸軍、海軍側が設置した伝声管《でんせいかん》にすぎないことは前に記した。[15]

博物学教師の服部広太郎にそんなことを考える義務はなかったであろうが、東宮大夫兼御学問所副総裁の浜尾新、倫理学教師の杉浦重剛、さらには歴史教師の白鳥庫吉、国語教師の飯島忠夫は、皇太子にとってなによりも重要なことは論述する力だとどうして考えなかったのか。

御学問所の教頭といってよい存在の小笠原長生《ながのり》は皇太子が外国の賓客を相手とする礼儀作法が必要となることをどうして失念したのであろう。西洋料理の食事の作法が必要になるということにすら気づかなかったのはなぜだったのか。

大正天皇の健康がよくなかったことから、皇太子の教育は、元老、宮内大臣、内大臣がすべての責任を負った。

ところが、素朴で慎み深い性格の皇太子を大事に大事に育てようとした、まことにいびつな教育の結果、皇太子は人と充分に喋ることができなくなってしまっている。ごく単純な受け答えの言葉を知らず、人にたいする呼びかけの言葉も知らない。会話に使用できる語句はごくごくわずかだ。

たとえば「忠」という言葉だ。倫理学の杉浦重剛と国史を教えた白鳥庫吉が「忠」を繰り返し皇太子に説いてのことであろうが、天皇にとって、期待しているぞ、がんばってくれるだろうね、かれは私のことを思ってしてくれたのだ、こうした意味のことを語ろうとすれば、すべて「忠であれ」「忠なのだ」となる。すべからくこのような具合である。

だが、成人した天皇に、その言葉づかいを訂正し、正確に語るように説き、自分の考えを伝達する相手にはっきり理解できるように喋らねばならないと教える者がいるはずもない。

こうして天皇はなにを語っても、言葉は足りず、使う用語は適切さを欠き、語尾が判然とせず、よいと言われたのか、悪いと言われたのか、どういう思し召しだったのかと総理大臣、参謀総長は内大臣、侍従武官、部下と協議、検討することになる。

そして、戦争がはじまって御前会議が開かれることになり、この会議で、天皇は沈黙を守りつづけるという奇妙な慣行が生まれることになった。

御前会議は支那事変がはじまって開かれるようになった。いちばん最初は昭和十三年一月十一日だった。早期の和平を望む統帥部が和平交渉の打ち切りを迫る政府の主張に押されて和平工作を断念し、これを正式に決めることになった御前会議だった。会議のあと、参謀総長は内大臣に向かって、天皇の親臨がありながら、ご下問《かもん》がないのは困ると述べた[16]。政府が横車を押しての戦争の続行に、統帥部側の烈しい怒りがあって、その発言になったにちがいなかった。

だが、「御親裁《ごしんさい》」になっては困るという元老、西園寺公望《きんもち》の主張が通った。説明が必要であろう。総理大臣であれ、統帥部の総長であれ、国務大臣であれ、かれらの任務は天皇を輔弼《ほひつ》、輔翼《ほよく》することだ。天皇が国務上の行為としておこなわれる一切の事項は、天皇を補佐する人びとが天皇に代わっておこなうということだ。天皇に最終決断を求めたり、天皇の言葉を公《おおやけ》に利用するのは、天皇の「御親裁」になってしまい、政府、軍の最高地位にいる人びとは天皇を輔弼、輔翼する責任を果たさないことになる。天皇に責任を転嫁することになり、これは憲法の精神に反する。これが西園寺の解釈だ。

西園寺公望は会議で天皇があれこれ意見を述べることは「御親裁」になるからまずいと主張したのだが、当然ながらかれにはまたべつの懸念があったのであろう。

西園寺が恐れたほんとうのことは、統帥部の総長、首相、外務大臣が一人ひとり個別に参内して上奏する場合には、天皇とのあいだの一問一答は秘密にできるし、秘密にしなければならないという不文律がある。だが、御前会議のように十人近くが出席し、そのときどきで幹事、あるいは陪席者と呼ばれる役所の局長クラスの者たちまでが顔を揃えた会議で天皇が意見を述べることになり、もしも天皇の言葉が正確さと論旨の一貫性とを欠き、天皇の意思がそれぞれの出席者たちにちがって解釈されることになれば、そのあと内大臣、元老が収拾しなければならなくなる。不満を持つ側は宮廷の政治介入と非難することになる。天皇の権威と宮廷の静謐を損ねること、これより大きいものはない。西園寺はこのように考えたのではないか。

御前会議で起きたことではなかったが、昭和四年六月、首相の田中義一を辞任に追い込んだ事件にしたところで、最初に天皇の言葉の足りなさが首相とのあいだの意思疎通を阻害し、すべての混乱と軋轢《あつれき》のはじまりとなったのである。

西園寺が「御親裁」に反対した理由がなんであったにせよ、かれが「御親裁」になってはいけないと真剣に心配していたのであれば、「御親裁」が不可欠となる事態が必ず起き、天皇が政務室で統帥部総長、総理大臣と個々に話し合うだけでは済まず、御前会議を開いて「御親裁」を下さなければならなくなることにかれは思いをはせる必要があった。

戦いはつづき、さらに大きな戦いとなる恐れがあった。八十歳を越す元老が自分の死のあとのために考えなければならなかったことは、つぎのようなことだ。それぞれが利己的であり、互いに没交渉であるように努め、それでいて相手にたいして嫉妬深く、猜疑心を抱き、なによりも恐ろしいことは、それぞれがべつの仮想敵国を持っている独立並列の陸軍統帥部と海軍統帥部が存在するのだから、やがては「御親裁」を必要とする不吉な事態に直面することになるということだった。

年老いた最後の元老は大元帥である天皇のために軍事問題の助言者をつける手だてを考えなかった。内大臣が軍事問題、統帥問題についても天皇に適切な助言ができるという明確な決まりをつくらなかった。

昭和十六年十月、天皇が「御親裁」を下さなければならない事態にたちいたった。これについては前に詳しく述べたが(17)、もういちど簡単に述べよう。

その年の六月はじめ、近くドイツがソ連と戦うことになるのは間違いないと駐独大使が告げてきた。海軍首脳は陸軍がソ連と戦おうとするのではないか、取り返しのつかない軍事的冒険に踏みだすのではないかと不安でいっぱいになった。海軍はどうあっても陸軍の注意を南に向けさせようとして、南部仏印への派兵を唐突に説きはじめた。スマトラの石油を押さえるオランダ、ボルネオの石油を支配する英国への脅しになるという計算だった。そして、英国とオランダを支援するアメリカによる経済封鎖も覚悟の上だと言い、そのときには戦うまでだと見得を切った。海軍幹部の本心は陸軍のソ連との戦争が回避できさえすれば、あとは外交交渉によってアメリカと折り合いをつけようという算段だった。

そこで軍令部総長から作戦部長まで、海軍の幹部はいずれも南部仏印への進駐がアメリカ、英国との戦争になるとはまったく思っていなかったから、陸軍側はそれに釣られ、これまた対米英戦になると考えることなく、浮ついた気持ちで進駐を決めることになった⑱。

サイゴン、プノンペンへの派兵によって、はたしてアメリカは日本にたいして最後の全面的な経済封鎖に踏み切った。

ところで、ドイツの指導者が前もって日本大使に告げたとおり、ドイツ軍はソ連に侵攻を開始した。陸軍統帥部は満洲に大軍を送り込んだ。ところが、ソ連との戦いに自信がないことに加え、アメリカから経済封鎖をされたことで、七月末、陸軍は対ソ攻撃を断念することになった。

だが、戦いを断念したことで、陸軍首脳陣は恥辱感にさいなまれることになった。ソ連軍はドイツ軍に叩きのめされ、まさに千載一遇のこの機会においてさえ、陸軍はソ連軍を恐れている、口ほどにもない、ノモンハン惨敗の仇も討てないのか、これが陸軍の実態なのか、情けないかぎりだと天皇と国民は大きく失望していると思えば、屈辱感はつのり、大声で叫びだしたいほどだった。

ところが、陸軍幹部は優位と自負心を取り戻す方法をわけもなくみつけだした。アメリカに経済封鎖を解除させる外交交渉はうまくいかなかった。そこで、シンガポールの英軍とフィリピンの米軍を叩く、陸軍はこのように言いだした。だが、陸軍統帥部は太平洋正面の戦いは当然ながら艦隊決戦で黒白を決することになると思い込み、海軍が全責任を負うものと決めてかかった。

マニラとシンガポールを占領しさえすれば見事に名誉回復ができると思い、興奮の高まりを抑えきれない陸軍、アメリカと戦うのは覚悟の上だと自分から言いだし、逃げ場を失ってしまった海軍、愚かな虚栄心の虜《とりこ》となった陸海軍の双方は九月にはアメリカと戦う計画を決めることになった。

十月はじめ、アメリカは日本に向かって、中国からの撤兵をはっきりと求めた。

海軍首脳の本心は、中国からの撤兵をアメリカに約束し、アメリカとの戦いを回避することだった。だが、陸軍にたいしてであれ、首相にたいしてであれ、天皇にたいしてであれ、口が裂けても中国からの撤兵を望むと言うことができなかった。言い捨てに終わってしまったが、「根本的な転針ができうるや否やを検討し[19]」と軍令部総長が口にだしたのが精一杯だった。

陸軍統帥部は、海軍がアメリカとの戦いに自信がないのならはっきりと言ってほしいと猫撫で声をだし、中国からの撤兵もやむなしという態度をみせもした。むろんのこと、無名の師で終わる中国での戦いの責任をすべて海軍に負わせる魂胆だった。

前に述べたとおり、連合艦隊司令長官の山本五十六《いそろく》が期待し[20]、アメリカ大使のグルーが予測した「御親裁」――「聖断」と言ってもよく、「宸断《しんだん》」と言ってもよいが――を下さなければならないときだった。

ところが天皇は、陸軍の考えていることがまことに小賢しいことに気づかず、海軍の主張は心にもない強がりにすぎないということがわからなかった。あるいは三十年さき、六十年さきの研究者や批評家は、これまた昭和十六年十月の天皇と同じように、陸軍首脳が編みだしたこずるい策略、自縄自縛に陥った海軍幹部の開き直りがわからないかもしれない。

だが、天皇のただひとりの助言者であった内大臣の耳には多くの情報が入っていたのだから、こうしたことがわからないはずはなかった。

しかし、木戸には中国撤兵に賛成できない個人的な理由があった。前に述べたことだが[21]、繰り返そう。

陸軍部隊一千人が蜂起した二・二六事件が影をひいていた。

その反乱の首謀者にたいする冷血な処分はずっと不吉な影を延ばし、それを定めた宮廷高官の五年のちの決断に大きく影響することになり、大日本帝国の崩壊が運命づけられることになったのだと言ったなら、いまから六十年のちの運命論者は体をのりだすことになるかもしれない。

昭和十一年二月に反乱が起きたあと、木戸は躊躇することなく、国民の拍手喝采からもっとも遠い解決策を定め、その後も恩赦といった妥協、修正策をきっぱりと拒否し、その年六月、かれが内大臣秘書官長をやめるとき、日記に「二・二六事件に当たっては真に思い切って働くことを得た[22]」と自賛した。

ところで、木戸のたてた原則にしたがい、その蜂起事件の後始末をするための陸軍の責任者となったのが梅津美治郎《よしじろう》と杉山元《はじめ》だった。

ところが、その翌年、昭和十二年七月に華北で戦いが起き、華中、そして華南へとずるずると戦いを拡大させてしまった責任者が、ほかならぬこの二人だった。

そこでアメリカからの要求を容れ、中国から撤兵することになれば、梅津と杉山は辞任はもちろんのこと、現役を退かざるをえなくなり、かれらに協力した局部長クラスの高級軍人たちも退役となる。かれらに代わって、木戸、杉山、梅津によって現役を逐われ、支那事変とはなんのかかわりもない真崎甚三郎《まざきじんざぶろう》や小畑敏四郎《おばたとししろう》をはじめとする皇道派の高級軍人や、戦いの拡大に反対し、参謀本部を逐われた将官が陸軍省と参謀本部に戻ることも、自明の理となる。

そして、木戸自身の問題ともなる。当然ながら、皇道派の将軍たちに「奸臣の首魁」「悪魔」と悪罵されてきたかれもまた、内大臣を辞任しなければならず、政界から身を退かなければならなくなり、かれを盟主とし、このさき二十年はつづくことは間違いのない第三次長州閥の隆盛といった夢も消えてしまう。

木戸はこんな具合に考えたにちがいない。そしてもうひとつ、木戸が考えたことがあったはずだ。

新路線の策定、責任者の総退陣となるよりも前、そもそも中国撤兵といった問題にかれが介入した段階で、内大臣の職分から大きく外れると、陸軍幹部はもちろんのこと、中国撤兵に反対する人びとから批判され、内大臣は敗北主義者だと非難され、宮廷は毒気づいた雰囲気に囲まれ、中傷誹謗の渦に巻き込まれることになるのではないか。木戸はこのように思おうとしたのではなかったか。

こうしたわけで、中国からの撤兵はまったく木戸の念頭になかったのである。

もしも、天皇がはっきりと承認して、内大臣が軍事問題で天皇に助言できると公式に決めていたのであれば、木戸は昭和十六年十月、そして十一月にかれ個人の利害を考え、陸海軍統帥部が説く表向きの主張を信じることにはならなかったのではないか。

日本がアメリカとの戦争に飛び込んでしまったのは、天皇が軍事問題の助言者を持っていなかったがためだった。

ところで、西園寺公望の「御親裁」を避けようとする指導方針はそのあともずっと守られてきた。天皇は大本営政府連絡会議、その後身の最高戦争指導会議に出席して、沈黙を守ることをしきたりとしてきた。質問は出席した枢密院議長が天皇に代わってしてきた。

昨日、六月八日に開かれた御前会議も同じだった。総合計画局長官が「国力ノ現状」の書面を朗読するのにはじまり、内閣書記官長、参謀次長、軍令部総長、軍需大臣、外務大臣がつぎつぎと書面を読みあげるのを、天皇は一言も口を開くことなく聞き、最後に玉座にいちばん近いところに座る枢密院議長の平沼騏《き》一郎《いちろう》が立ち、「今日あくまで戦争を完遂せねばならぬとき、絶対に平和の思想は戒めなければなりませぬ」と述べたのだった。

念のために言えば、天皇が激励し、ときに質問し、「御注意」を述べることができる御前会議も実際にはある。

総理大臣も、外務大臣も、枢密院議長も出席できない御前会議だ。陸海軍統帥部の総長、次長、作戦部長、作戦課長の八人が出席する。陸海軍大臣と侍従武官長は陪席できるが、発言権はない。年に何回もある会議ではない。作戦指導方針を奏上し、天皇の裁可を仰ぐ会議だ。大元帥である天皇はまさしく「御親裁」を下すのだが、これまた形式的承認を与えるだけの儀式となってしまっているのは、軍事問題については一般人ほどの知識と関心を持つだけの天皇が軍事顧問を持っていないためなのである。

疎まれた助言者、直宮《じきみや》

天皇が軍事問題の助言者を持たないことをずっと心配してきたのは皇弟たちだった。まったく私的な、そして天皇からは疎まれることになる助言者は秩父宮、つづいては高松宮である。

秩父宮雍仁《やすひと》親王は明治三十五年六月の生まれ、天皇より一歳年下、陸軍大学校出身の陸軍軍人、高松宮宣仁《のぶひと》親王は明治三十八年一月の生まれ、海軍兵学校出身の海軍軍人、四歳年下だ。

高松宮のことはこのさきで述べることにして、秩父宮から語ろう(23)。

天皇は、威容を誇るだけの観艦式と、こちらはお芝居と変わりない大演習、そして軍学校の卒業式に顔をだすだけの名ばかりの大元帥の自分と異なり、陸軍大学校時代には毎夜遅くまで戦術についての宿題作業に取り組む秩父宮に人知れず敬意を払っていた時期があったのは間違いない。軍事学を専門に学び、兵営、練兵場で研鑽を積み、参謀本部第二課作戦班に[24]籍をおくことになった秩父宮の意見に耳を傾けたことであろう。だが、天皇はやがて週一回、皇弟と会うのが重荷となったのではないか。

秩父宮の相談相手は、同じ作戦班にいた英才の聞こえ高い堀場一雄だった。現在、四十五歳の堀場は第五航空軍参謀副長だが、専門は中国だ。支那事変の早期解決を一貫して主張していた。参謀次長の多田駿《はやお》も和平論者だった。慶応元年生まれの参謀総長、閑《かん》院宮載仁《いんのみやことひと》親王は官邸に閉じこもっていた。ところが、政府、参謀本部、陸軍省の多数派は主戦論者だった。

天皇は多数派、主流派の主張の側に立ち、秩父宮の考えと対立した。学習院、さらには陸軍士官学校、陸軍大学校で活発率直に自己表現をする訓練を積み、明確な語彙を用いることのできる秩父宮と論争して、天皇は互角に太刀打ちできなかった。前に述べたことを繰り返すなら、天皇は皇弟としっかりと討論できないこと、説得できないことが苦痛となったのであろう。

やがて天皇は責任を持たない者と内政外交の問題を語ることを拒否することになったのではないか。

余計なことを付け加えるなら、天皇は秩父宮と考えの同じ軍人、やがては最高級のポストに座ることになるであろう陸軍軍人を敬遠することにもなった。このことは前にわずかに触れたが、(25)さきで述べる機会があろう。

大元帥でもある天皇を正式な軍事助言者を持たない孤独な存在としてしまったのは、山県有朋亡きあと、たったひとりの元老、西園寺公望に責任があった。

ところで、天皇が定めた接見者を統帥部の責任者に限るとした原則は、統帥部の首脳にとってもまことに都合のよいものであった。しっかりとこの決まりを守り、かれらは天皇の接見者を限定してきた。天皇の耳にべつの分析、べつの判断が入らないようにした。

統帥部の責任者、八人だけの御前会議のことは述べたばかりだが、天皇に前もって作戦指導方針の書類を提出せず、(26)機密保持を理由に、当日になって玉座の机上に書類を揃えるといった奇妙な慣習も、同じ理由からであろう。

もうひとつ例を挙げよう。東久邇宮《ひがしくにのみや》が防衛総司令官だったときのこと、かれも天皇に軍事問題を言上できなかった。三年前のことになるが、昭和十七年四月十九日の日記に東久邇宮はつぎのように書いた。「私が昨夜参内して、天皇陛下に空襲に関する上奏をしたことについて、参謀本部から、『空襲に関する上奏は、大本営の幕僚長である杉山参謀総長がすべきである。防衛総司令官の権限ではない。今後注意してほしい』といって来た。

私の考えるところでは、天皇は統帥大権をもっておられ、参謀総長はその下の幕僚長にすぎない。したがって陛下がいつ、どの軍司令官をよびつけて、軍状の報告をきこうとかまわないはずである(27)」

もちろん、東久邇宮は参謀本部の幹部のほんとうの肚《はら》はわかっていた。東久邇宮は陸軍主流派の上級軍人と折り合いが悪く、親しくしているのは、これまた陸軍主流派から目の仇にされ、現役から逐われることになった石原莞爾《かんじ》である。杉山元とかれの部下たちは天皇の耳に非公式な考え、反対の意見を入れさせまいとしたのである。

こうしたわけで、皇弟の高松宮にしても、参内しようと考えるだけでなみなみならぬ決意が必要となった。これはたいへんな事態なのだ、これだけは兄君の耳に入れねばならないと考えても、天皇、そして統帥部が定めた規制が立ちふさがったのである。

念のために言っておけば、天皇に助言ができる皇弟は高松宮ひとりだった。秩父宮は昭和十五年六月に発病し、病床にあった。いまから一カ月足らず前の五月十七日、高松宮が日記につぎのように記したことを付け加えておこう。「お兄様が御病中にこんな事態になってしまい、……お兄様の御病中に大戦争になり……(28)」

そして、三笠宮崇仁《たかひと》親王は高松宮より九歳年下、大正四年の生まれで、昭和十一年に陸軍士官学校を卒業、昭和十六年には陸軍大学校に在学中で、そのとき二十五歳だった。

昭和十六年十一月三十日、アメリカとの戦いを決める御前会議が開かれる前日、高松宮が参内し、天皇に向かって、海軍はアメリカとの戦いを避けたいのが本心だと言上したことは前に述べた(29)。

それから二年七カ月あと、昨年六月二十二日のことになる。あ号作戦は大敗に終わった。残存の機動部隊が沖縄の中城湾《なかぐすく》に帰投したと電報が入り、軍令部の作戦室の重苦しい空気はさらに重く沈み、息苦しいほどだった。作戦部の一員だった高松宮は天皇に謁見の伺いをたてた。許しがあって、御所に向かった。サイパンを失うことがいかに重大であるかを申し述べ、語りおえて、このさき皇族を相談相手にするお考えがあるかと問うた。天皇はそれはできないと答えた(30)。

そのあと天皇はサイパン逆上陸作戦を唱えたが、統帥部の総長がそれは断念すると奏上した。天皇はこれに不満を抱き、元帥府会議の開催を求めた。だが、六月二十五日に開かれた元帥府会議の結論も、断念やむなしということになった。高松宮はこの重大な軍事的敗北について両統帥部総長の責任を見過ごすわけにはいかないと思った。天皇から接見しないと言われたばかりだったが、高松宮は御二階に親書をだした。「御二階」とは、この五月二十五日の深夜に焼けてしまった御学問所の二階、天皇の執務室のことである。前に述べたことがあるが、宮殿のなかで二階があったのは、御学問所だけだった。

親書は戦争指導の根幹を考え直さねばならないと説いていた。いちどは出すのをやめようとしたが、大宮御所で会った三笠宮に出すべきだと勧められ、決意を固めたのではないか。

翌二十六日、天皇から御所に来るようにと指示があった。一作戦部員が統帥部総長を批判したのだから、天皇の叱責を覚悟していた。「楠正成湊川《みなとがわ》にゆく心持の一端はこんなものか」と高松宮は日記に書いた[31]。はたして天皇はご機嫌ななめだった。元帥府会議の決定があったのだから、これをひっくり返すことはできないと言った。統帥部総長はサイパンの確保を明言していた、その責任を問うているのだと高松宮が述べると、しつこいと天皇は怒ったのだった。

おそらくはその日かその翌日のことだったにちがいない。軍令部総長、海軍大臣を兼任する嶋田繁太郎が作戦室に入ってきた。当直の作戦部員、藤森康男と言葉を交わしたかと思ったとき、いきなり怒声をあげ、「陛下には私が申し上げる」と大声をだして部屋にいた者たちを驚かせた[32]。同じ作戦部員の高松宮が天皇に軍令部総長を批判したことを総長は怒っていたのだと、かれらはあとになって知った。

天皇と軍令部総長に疎まれた助言者は、八月、軍令部から逐われて、横須賀海軍砲術学校教頭に転勤となった。

戦争責任者処罰の問題

さて、今年に入った。

天皇から疎まれる新たな助言者となったのは皇太后である。

皇太后は犠牲者を増やすばかりのこの戦いをいつまでつづけるのかと懸念し、いてもたってもいられなくなった。この戦争を終わらせることができないのか、牧野伸顕《のぶあき》伯、近衛文麿公の考えをお上に申し上げる機会をつくってほしいと内大臣にはっきりと説いた。このことは前に語った(33)。

そこで天皇ははじめて政府と統帥部の責任者、そして内大臣以外の人びとの考えを尋ねることになった。いまから三カ月前の二月七日から二十六日にかけて、天皇は七人の重臣に助言を求めた。

これも前に何回か記した。近衛文麿、岡田啓介、若槻礼次郎、だれもがこの戦争がはじまってはじめての単独拝謁、そして上奏の機会だった。

ところで、この戦争を終わらせようと考えて、重臣たちの頭にまず浮かんだことは、天皇が考えたことと同じだった。戦争責任者処罰の問題である。もちろん、戦争責任者とは天皇のことにほかならない。

近衛文麿以外は、近衛のことはあとで述べることになるが、この戦争責任者処罰の問題があることから、だれも戦争をやめねばならないと天皇に言上できなかった(34)。

重臣上奏の七番目、最後の東条英機の意見具申が二月二十六日に終わって、それから一週間足らずあとの三月二日の夕刻、天皇は高松宮、三笠宮、朝香宮、東久邇宮、賀陽《かやの》宮《みや》を召し、食事をともにした[35]。

三笠宮崇仁親王は二十九歳、すでに陸軍大学校を卒業し、陸軍機甲本部付きだ。朝香宮鳩彦《やすひこ》王は五十七歳、軍事参議官、陸軍大将だ。東久邇宮稔彦《なるひこ》王は防衛総司令官を辞め、軍事参議官、陸軍大将だ。五十七歳になる。高松宮については前に述べた。賀陽宮はこのさきで述べる。

皇族たちの集まりもそれまでになかったことだ。想像するに、皇太后は牧野伸顕と近衛文麿の上奏の内容にひどくがっかりしたのであろう。牧野は天皇が戦争責任者として処罰される事態になることを恐れていたから、いまただちに戦いをやめるときだと奏上できなかったし、軍の責任者を更迭すべきだという近衛の主張は天皇が受け入れなかった。皇太后は高松宮に向かって、ほかの皇族たちとともにお上にお目にかかり、戦いをやめる手だてを考えるように申し上げてほしいと説き、皇太后自身、内大臣、宮内大臣、侍従長に会食の機会を設けるようにお上に伝言してほしいと言ったのであろう。

もともとは二月二十五日に午餐会を開くことになっていたが[36]、その日の午後にはB29の来襲があるという情報が入り、中止、延期となったのだった。

高松宮と皇族たちは天皇を囲む集まりに少なからぬ期待と大きな不安があった。いったい、お上は「この戦争の終末」「大転換」をどのようにしたらよいと考えておられるのか、どのような覚悟を決めておられるのか。なにも決められていないのではないか。では、なんと申し上げたらよいのか。

そして、またかれらも第一次大戦で負けた側のドイツ、オーストリア、ロシアの王国の末路を思い浮かべたことであろう。

夕食会に呼ばれた五人の皇族はいずれも年が若いから、天皇と同じように、外遊も留学も第一次大戦後のことであり、ポツダム新王宮の晩餐会に召されたことはなく、ハプスブルグ王家の婚儀に招かれたこともなかった。

だが、かれらは年長の皇族たちから欧州の王室の思い出話を聞いたことがあったし、記念の写真、数多くの土産の品々、玩具、絵葉書を見て育ってきた。

小田原の別邸に疎開していた七十九歳の閑院宮はこの五月二十日に亡くなったが、渋谷美竹町の七十一歳になる梨本宮、あるいは熱海に疎開している六十九歳の伏見宮博恭《ひろやす》王は、ハプスブルグ帝国の冬宮殿だったホーフブルグ王宮でフランツ・ヨーゼフ帝の謁見を受けたことを思いだすことがあるはずだ。伏見宮博恭王はさらにウィンザー宮殿でエドワード七世の謁見を受けたこと、ポツダムの新王宮でウィルヘルム二世の謁見を受けたことを思い浮かべよう。

そして、伏見宮は英国王エドワード七世の大葬を思いだすだろう。一九一〇年だから、明治四十三年だった。これほどの葬儀はこの前にも後にもないと言われた史上空前の葬儀だった。九人の国王が葬列の先頭を進んだ。五人の王位継承者がつづき、五十人に近い王族、皇族がそのあとにつづいた。伏見宮の父君の貞愛《さだなる》親王がこの列のなかにいた。ロシア皇帝の弟、ミハイル大公、イタリア王の弟、アオスタ公と並んでいた。

そのときに海軍中佐だった伏見宮博恭王は王妃とともに欧州各国の王室を訪問して、エドワード七世の大葬のときにはロンドンにいた。

伏見宮が皇族各家に配ったその壮麗な葬儀の写真を収めたアルバムは、若い皇族たちのだれもが見たことがあった。葬列の人びとはだれもが騎乗だった。伏見宮も馬に乗っていた。

教えられなくてもわかったのはカイゼルだった。葬列先頭の英国新国王、ジョージ五世とともに進む、見事な髭の軍服姿のドイツ皇帝、ウィルヘルム二世だった。

ウィルヘルム二世はカイゼルと呼ばれていた。もともとカイゼルは皇帝を意味する称号であり、普通名詞であるが、いつしかウィルヘルム二世その人を指すようになったのである。カイゼルの英語読みがカイザーである。

そして写真を見入る皇族たちは、ドイツ皇帝は英国王室と親戚であることを教えられた。ウィルヘルム二世は故エドワード七世の甥にあたり、そのあとを継いだジョージ五世とは従兄弟の間柄だった。ウィルヘルム二世の母がイギリス女王ヴィクトリアの長女だったのである。

そして写真帳をめくる皇族たちは、葬儀に参列したデンマーク王、ノルウェー王、ギリシャ王はいずれも英国王室と親類であることも知った。そして、ロシア皇帝がドイツ皇帝と従兄弟同士なら、伏見宮のあとに並んだドイツ貴族たちの一団がいずれも英王室と縁続きであることも知った。

英王室、そして英王家と血縁つづきのヨーロッパの王室とまったく無縁なのは、日本の皇室、そして清国、トルコ、シャム、ペルシャ、エジプトの王族だけだということも、かれらはその写真帳から学んだ。

また皇族たちは、国際的な事件が起きるごとにその写真帳を取りだすことになった。

その葬儀から二年あと、清の王室は滅んだ。清朝廷の礼服を着た載濤《たいとう》殿下が葬儀の写真に載っていたことをかれらは思いだした。載濤は光緒帝《こうちょてい》の末弟であり、清朝最後の皇帝、宣統帝、愛新覚羅《あいしんかくら》溥儀《ふぎ》の叔父にあたる。

その葬儀から四年あと、皇族たちは再びその写真帳をひろげることになった。指さされた悲劇の主人公はフランツ・フェルディナンド大公、ハプスブルグ帝国の王位継承者だった。大公は妃ゾフィーとともにセルビアの無政府主義者に暗殺された。

それが思いもかけない第一次大戦の発端となった。そして、すべての皇帝たち、政府首脳、軍指導者たちの想像を絶する結末が四年あとに待っていた。当然ながら、日本の皇族をはじめ、山県有朋や西園寺公望といった政治指導者にとっても、考えたことのない終幕となった。

英国首相のロイド・ジョージがドイツに「その能力ぎりぎりまでの賠償をさせる」と宣言すれば、これに負けじと労働党出身の閣僚が「カイザーを絞首刑にせよ」と主張した。こうして政権党は「カイザーを裁判にかけ、最大の賠償をドイツに要求する」との公約を掲げて選挙に勝った。

そして、皇族たちがちらりと思いだし、急いで頭から振り払おうとしたのは、ロシア最後の皇帝ニコライ二世とその一家全員の悲惨な死のことだったにちがいない。カイザーが逮捕を逃れ、オランダに亡命する四カ月前のことだった。

エドワード七世の大葬で伏見宮と馬を並べたロシア皇帝の弟君、ミハイル大公も殺害された。ウラル山脈の西側にあるペルミでのことだった。「アナーキストの私刑」という共産党の宣伝は事実ではなく、これもレーニンの命令による私刑だった。同じウラル山脈の東斜面にあるエカテリンブルクで皇帝とその家族が殺害される一カ月前のことだった。

そして、陸軍系の皇族のだれもが昨年十一月に回されてきた書類のなかにあるウラルの地名を見て、息を呑んだ覚えがあったはずだった。暗号書を携行した外交伝書使役の二人の陸軍将校がシベリア鉄道の車中で隣室のロシア人と酒を飲み、ひとりが突然気を失い、もうひとりが急を告げようとして、開かないドアを叩き壊した。この将校と急死したもうひとりの将校が引きずり下ろされたのが、スヴェルドロフスク駅だった。東久邇宮、三笠宮、賀陽宮、竹田宮、陸軍士官学校、陸軍大学校出身の皇族であれば、ソ連の大動脈であるシベリア鉄道の主要駅の名前は記憶していたから、その駅の旧名をも承知していた。ロシア皇帝の一家が惨殺された町、エカテリンブルクだった。

さらに皇族たちが思いだしたのは、日本を共産化しようとする陰謀があると言上した近衛公の言葉だったにちがいない。かれらは二月十四日に近衛文麿が上奏した内容を聞き知っていた。ソ連に和平の仲介を求めたりするのは、危険きわまる一六《いちろく》勝負ではないのか。共産党員をモスクワ、延安から戻らせるようにして、日本の警察と新聞、ラジオをかれらに押さえさせるようにするのではないか。

どうしたらよいのだろうか。伏見宮、ほかの若い皇族たちが思ったことは、ドイツ王室と英国王室がそんな密接な姻戚関係にありながら、戦争をはじめるのを阻止できず、最後に英国王室はドイツ王制の瓦解を阻止することができなかったことだったにちがいない。

レーニンが政権を奪取する前、ロシアの臨時政府からロマノフ一家の亡命を受け入れるようにと英国政府が打診を受けたとき、うんと言いさえすれば、皇帝と皇太子、皇妃と四人の皇女たちの悲劇はなかったのだ。ニコライ二世の実の従兄弟のジョージ五世は国内の労働運動団体の非難を買うのを恐れてロマノフ一家を見殺しにしてしまったのだ。

こうしたことを考えれば、極東の一敗戦国の皇室の運命など、世界中、どこのだれが気にかけるだろうかということになったはずだった。

そして、年若い皇族たちが、オランダで三十三年間の亡命生活を送ったウィルヘルム二世のことを考え、それでも廃帝はドイツに広大な土地を持っていたから生活に困ることはなかったのだと思い、逃げるところも、受け入れてくれる国もないわが皇室はどういうことになるのだろうと考えることにもなった。かれらはもういちど大きなため息をつくことになったにちがいない。

ドイツ王室の運命の轍を踏まないためには、お上はどのような準備をされているのかと五人の皇族は心配し、さらにこの一月中旬にアメリカで開催された半官半民の会議で日本の皇室を処分してしまえという主張が大きく報道されて、いよいよそごとではなくなったと皇族たちの不安は大きくなっていた。

そして、かれらのふくらむ不安の大きな部分は、天皇が相談する相手もなく、この問題をひとりでどのように考えておられるのかということであったことはいうまでもない。

さて、三月二日の晩餐会のことになる。天皇、皇后、そして皇族の食事が終わり、食堂から拝謁間に移り、お茶となった。皇后が退席したあと、八時二十分まで天皇の話があった。退出というときになって、打ち合わせどおりだれかが口火を切った。みながつぎつぎと話しだした。五十分もつづいた。

高松宮は日記につぎのように書いた。

「退出しがけに五人で話出して、二一一〇頃皈《かえる》。

その時の話（一　近衛、岡田、若槻、平沼四重臣を政治上の御相談相手として側近におくこと　二　統帥の一元化　三　第二段として最悪事態の処置を促進すること）(37)」

高松宮が日記に書かなかったことがある。島田俊雄農商務相を更迭すべきだと高松宮は天皇に申し述べた。島田が太く短くも一法だと説き、食糧管理局が爪に火をともして貯めこんだ米穀に手をつけ、配給に回すようにしたことは、農林関係の幹部、それを聞いた国会議員、ほかの官庁の役人を不安にさせ、そんなその場しのぎの人気取りをやって、このさきどうするつもりだと批判していたのである。

天皇はみなの話を苛立ちを抑えながら黙って聞いていたが、閣僚を更迭すべきだという言葉がでて、もはや我慢できなくなった。余計なことを言うなと怒り、なんの責任もない者の戦争や政治についての論議など聞きたくないと言ってしまった(38)。皇族のひとりが言上し、ほかの皇族たちが答えを待った質問、もっとも重大な問題、「最悪事態の処置を促進すること」にも、天皇はなにも語らなかったのである。

高松宮は昨年六月の出来事を思いだしたはずだった。そのとき以来二度目のことであるが、天皇は皇族の助言を求める考えはないとまたも述べたのである。だれもが落胆し、冷ややかな沈黙のなか、気まずい思いでそれぞれ席を立つことになった。

その数日あと、天皇は賀陽宮恒憲王《かやのみやつねのり》に向かって、「最悪事態」についてどう考えているかを語った。

賀陽宮は四十五歳になる。陸軍中将だ。この三月から陸軍大学校の校長である。天皇がこの人事に反対したことから、梅津美治郎は認めなかったが、賀陽宮は天皇お気に入りの畑俊六に頼み込み、畑がやっと天皇の同意を得たのである。

賀陽宮の官邸は麹町三番町にあったが、三月十日の未明に焼かれた。その夜、一家六人は二台の乗用車に分乗して、[39]乾門《いぬいもん》から宮城内に逃げ込んだ。宮内省第二期庁舎に二泊することになり、そのとき天皇は賀陽宮と話し合った。

天皇はその八日前の食事会が気まずい終わりかたをしたことを気にしていたのであろう。言いすぎてしまったと後悔していたにちがいない。賀陽宮に心よく接した。そして、八日前の提案、「最悪事態の処置を促進すること」について、天皇自身の考えを明らかにした。

賀陽宮はこれをそのときに外務大臣だった重光葵《まもる》に語った。重光はつぎのように日記に記した。

「殿下――

空襲被害の際宮中にて二泊し、陛下に拝謁の機ありたり。天機麗しく御物語りあり。陛下は無条件降伏と戦争責任者の処罰以外は条件は考え得との御談ありたり[40]」

天皇が「戦争責任者の処罰」に反対するのは、天皇自身が処罰されるのではないかという不安があるからなのは言うまでもない。そして共和制を強制し、日本の君主政体が破壊されることになるのではないかという懸念があるからである。

天皇が「戦争責任者の処罰」のことを考えて最初に思いだすのは、これまで述べてきたとおり、第一次大戦の終末、戦争に負けた側の王国の瓦解と王家の末路であろう。

そして、この一月にアメリカで開かれた半官半民の会議で、天皇を中国に幽閉せよ、英国に追放しろといった意見があったことを天皇は耳にしないまでも、天皇の存続に反対する主張を何人もの研究者が説いたということは承知していよう。

ところで、天皇が賀陽宮に向かって、無条件降伏と戦争責任者の処罰以外の条件は考えてもよいと語ってから二カ月足らずあと、いまから一カ月前のことになるが、天皇は「この二つの問題」も受け入れざるをえないだろうと語ったのだという。

五月二日、ドイツ・ハンブルグの放送局がヒトラー総統の逝去を後継者のデーニッツが発表したというニュースは、天皇に大きな衝撃を与えたことは前に述べた。それを承知してのことだったにちがいない。天皇は「二つの問題」に固執することはできないと思った。

そのとき天皇がとりあげた「二つの問題」は、天皇が賀陽宮に説いた内容と少しちがった。「全面的武装解除と責任者の処罰」(41)であった。

天皇がそれを語った相手は内大臣の木戸幸一である。木戸は日記にそれを記さなかった。五月五日、木戸はそれを近衛文麿に語った。つぎに近衛は富田健治に喋った。おそらく富田は手帳に記したのであろうが、それを高木惣吉に読んで聞かせ、高木はノートに書きとめた。

高木はつぎのように綴った。「この二つの問題もやむをえぬとのお気持ちになられた。のみならず今度は、逆に早いほうがよいではないかとのお考えにさえなられた」

天皇が「二つの問題」の受け入れもやむをえないと内大臣に語ったとしても、まだ天皇ははっきりとそのように決意したわけではなかった。「早いほうがよいではないか」と天皇は語られたのだと木戸は言ったのだが、もうしばらく様子をみようというのが天皇の本心であったにちがいない。

天皇が「戦争責任者の処罰」を主張しているアメリカ人が少なからずいると考えることになれば、思い浮かべることは当然ながらもうひとつある。前に述べ、このあとでも論じなければならないが、戦争がはじまるまで駐日大使だったジョゼフ・グルーが国務省の重要ポストに就き、かれが天皇の存在は日本にとって、そしてアメリカにとっても必要だと強調してきていることだ。

グルーの主張こそ、ただひとつ希望の灯明である。それが進路を明るく照らしだしてくれるのを天皇は待とうと思っているのであろう。

だが、かなたに見えるその灯はさっぱり大きくならない。あるいはその灯は狐火、鬼火なのかもしれないと天皇がときに思えば、肩で大きく息をすることにもなるにちがいない。

ただひとりの助言者、内大臣

昨日、六月八日の午後、木戸幸一は二時間かかって、戦争終結の計画案をつくった。このことは前に述べた㊷。今日の午後、かれはこれを天皇に提示、説明申し上げるつもりだ。

木戸がそれを書くにいたった理由も前に記したが、繰り返そう。

昨日午前中に開かれた御前会議に提出された「国力ノ現状」の内容にかれは息がつまる思いだった。あらかたは承知していることであったが、まとめて読めば、恐ろしいばかりだった。日本に向こう五カ月、六カ月を戦う余力などありはしないことをあらためて思い知った。

もちろん、それより前に、かれをひどく慌てさせ、怒らせたのが、松平恒雄と米《よ》内《ない》光政がかれを内大臣の椅子から逐おうとしたことだ。

木戸には、松平恒雄、米内光政がどうして自分を辞めさせようとしたのか、その理由は痛いほどわかっている。

天皇に説いて、この戦争を終わらせるための手だてを内大臣は講じようとしない。松平、米内は口にはださないながら、そう言っているのだ。

そこで木戸が思いだすのは、昨年の六月、かれは松平恒雄とはじめて戦争終結の問題を語り合ったことであろう。いますぐ戦争をやめることはできないとかれは語り、松平はうなずいたのだった。

それから一年近くになる。たしかに、かれはなにもしなかった。

そして、かれが米内光政のことを考えれば、この五月五日に近衛文麿がかれに説いたことが頭に浮かぶはずだ。最高会議で海軍大臣が和平を説いたときに、宮廷は米内の側に立つようにしてほしいと言ったのだった。だが、かれははっきりその決意を固めていなかった。

松平や米内が口にださなかったこと、語ろうとしなかったことはまだあった。敵側が唱える戦争責任者の処罰に天皇が加えられるのではないかということだ。この問題があるために身動きできないのだとは暗黙のうちにだれもが了解していることであったが、これまた、内大臣がお上を説得しようとしないで、いったいだれがお上を説得するのかという声がかれの耳に聞こえてきたにちがいなかった。

そして、かれが思いだしたのはこれも昨年六月、近衛がいよいよというときにはお上は退位なさらなければならないと語ったその言葉であろう。

かれが昨日の午後、戦争終結の計画案を書きはじめたときにも、書きおえたときにも、頭に浮かんできたのはこうしたことであったはずである。

昨年六月に木戸と松平恒雄はどのような話をしたか、かれに向かって近衛文麿がどう語ったかを振り返ってみることにするが、ここでもういちど、この戦争がはじまって、木戸がしてきたことを思いだしてみよう。

何回も述べてきたとおり、内大臣は天皇のたったひとりの助言者である。だが、天皇は内大臣に軍事・統帥問題については助言を求めないという不文律があるため、木戸は基本的な軍事戦略の決定には無縁だった。

アメリカとの戦いをはじめるに先立ち、天皇は開戦と同時に真珠湾を攻撃することを承知していたが、内大臣には漏らさなかった。

さらに具体例を挙げよう。昭和十七年十二月末のことだった。ガダルカナルを奪回しようと死に物狂いの戦いをつづけて五カ月、もはや陸軍、海軍ともに攻勢をかける意欲を失っていた。膨大なトン数の「金物」をあとからあとから注ぎ込んでくるとんでもない相手と戦いをはじめてしまったのだと陸海軍双方の総長から作戦課員までが目もくらむ思いでいたときであった。いま振り返れば、戦いをはじめて一年、勝ち戦が負け戦に転じる分水嶺だった。陸海軍の統帥部総長がともに並び、ガダルカナル島の放棄を天皇に奏上した。天皇はうんと言わなかった。「いかにして敵を屈伏させるのか、それを知りたい」「どこかで攻勢にでなければならない」と言い(43)、大本営会議を開くように求めた。やむをえず統帥部はニューギニアでの無謀な攻勢を計画することになった。十二月三十一日、御前会議が開かれ、天皇はガダルカナルからの撤兵を裁可した。

天皇と陸海軍統帥部幹部がかつてない異常な緊張のさなかにあったその年末の三日間、二十九日には木戸は歳末の祝詞を述べるために各宮家を回り、三十日は墓参、三十一日は終日家にいたのだった(44)。

だが、天皇が内大臣に向かって、軍事・統帥問題をなにも相談しなかったというのは事実ではない。天皇の考えが統帥部の考えと異なり、納得できないと天皇が考えた場合、だれかの助言を求めることも起こりうる。助言者は内大臣のほかにはいなかった。

天皇は侍従武官長に向かって、参謀総長が奏上した問題を内大臣に伝えるようにと命じたことが何回かある。そのあと天皇は木戸の考えを尋ねたはずである。アメリカと戦いをはじめる前の昭和十五年には、中国奥地の作戦、あるいは在支兵力の削減問題について、天皇は参謀本部の考えに反対だったからであろう、木戸に助言を求めたことが何度もある。

そしてアメリカと戦うと決める直前、またアメリカとの戦いをはじめてから、天皇は重大な態度決定をするときに、木戸に助言を求め、それを採用した。

たとえば、昨年一月二十四日のことだ。高松宮は寒中のご機嫌伺いを口実に天皇に拝謁し、アルミニウム配分問題でお上のご指導をお願いしたいと申し述べた[45]。

海軍を航空化してしまい、陸軍航空を事実上、海軍に合併してしまおうという破天荒な計画だった[46]。そこでアルミニウムの分配を海軍と陸軍で折半にせず、海軍に三分の二、陸軍に三分の一にしたいという海軍側の提案に天皇の支持を求めたのだ。陸軍と海軍が争う問題は天皇の裁断以外に解決する方法がない。

天皇は木戸に助言を求めた。このような場合、木戸の選択はただひとつだ。陸軍、海軍にお任せになるのがいちばんだと言上し、双方がさらに話し合うようにとご沙汰されるのが望ましいと助言することになる。

高松宮は心待ちしたが、そのあとなんの動きもなかった。じりじりしていた高松宮は二月二日に「御二階」宛てに親書をだした[47]。翌日、高松宮が会えたのは天皇ではなく、侍従武官長でもなく、内大臣の木戸だった。天皇はこの問題に介入しないと告げられた。高松宮は木戸の無責任な事なかれ主義のためにただひとつの希望がぶち壊されたのだと歯がみをしたはずである。

海軍を航空化しようとする夢が絶たれ、海軍幹部の陸軍に対する大きな怒りが渦巻くさなか、トラック島が完膚なきまでに敵空母機動部隊に叩かれ、陸海軍統帥部総長、とりわけ軍令部総長の威信は地に墜ちた。

陸海軍のいがみ合い、敵に握られてしまった軍事主導権、このふたつを解決する道はただひとつ、航空機の生産を二倍、三倍にするにつきると東条英機は思った。それを阻むのが、気ままに船を徴用し、原料の輸送に船を回させない統帥部の横暴にあるとかれは見た。国務と統帥をひとつにするほかはないとかれは考えた。大正末、陸軍大学校で軍制学を教え、「統帥権の独立」を叫びたてたかれが[48]、自分の誤りに気づいたのである。

トラック島空襲の三日あとの二月十八日、東条は参謀総長に辞任を求め、自身が兼任した。かれはそれに先立ち木戸に同意を求め、木戸から天皇の了承を前もって得ていた。軍内部の問題であり、軍の基本原則にかかわる問題であるにもかかわらず、東条が木戸に助力を求めたのは、ここぞという重大な態度決定を天皇に求めるとき、内大臣こそがほんものの侍従武官長だと承知していたからである。

高松宮のつぎの天皇への助言は、アルミニウム分配の問題で指導力を発揮していただきたいと述べてから半年足らずあと、同じ昨年の六月二十二日と二十六日だった。

高松宮が天皇に向かって、サイパンが陥落することになれば由々しきことだと言上し、さらに統帥部の責任を問い、戦略の大転換も必要ではないかと言上した。これは前に述べたばかりだから繰り返さない。

それから十数日あとの七月十三日、木戸は東条と話し合った。統帥部総長の兼任をやめよと木戸は言った。陸軍大臣のまま参謀総長を兼任したいと東条が言い、天皇への口添えを依頼し、木戸が天皇に言上すると約束したのは、それよりわずか五カ月前のことだった。

かれは自分がしたことにはまったく触れることなく、東条の参謀総長兼任を非難した。かれは東条に語ったことを日記につぎのように記した。「この際、統帥の確立はもっとも必要なりと信ず。敵を玄関先に迎えて片手間の作戦にては国民は安心せず、これでは敗けても敗けきれぬという気持なり」(49)

木戸はまさしく天皇の正真正銘の侍従武官長ぶりを発揮したのだった。

さて前に述べたことだが、かれが宮内大臣の松平恒雄にはじめて戦争終結の問題を口にしたのは、それより二週間ほど前のことだった。

昨年の六月二十九日だった。前に見たとおり、高松宮が天皇に向かって、基本的戦略を再検討しなければならないと言上し、「しつこい」と天皇に叱責されてから三日あとだった。その日、木戸は松平康昌、松平恒雄と「戦争収拾策」について語り合った(50)。

マリアナ諸島が敵の手に陥ちてしまえば、敵はそこにB29の基地をつくるだろう。敵は時間をおかず一気に小笠原諸島まで侵攻してくるという推測もある。どうにも防ぐ手だてはないらしい。統帥部総長の責任が追及されよう。内閣総辞職となるかもしれない。いずれにせよ、戦争の終結を見込んで新たな基本方針を定める必要がでてくる。

つづいて木戸は松平康昌、松平恒雄に肝心なことを語った。いま戦いをやめても、無条件降伏と変わりない厳しい条件を呑まざるをえないだろう。

この予測は、天皇と高松宮とのいさかいがあったのと同じ日に、木戸が外務大臣の重光葵を招いて語り合ったときに、重光が語った見通しであった。木戸もそのとおりだと思った。木戸の話を聞き、松平康昌、松平恒雄もうなずいたのではないか。

そして、木戸、重光、両松平、だれもが思ったことは、いま和平に踏みだすことにして、事実上の降伏をした場合、たいへんなことになるということだった。勝つことができると頑張る支那派遣軍、負けてはいないと主張する関東軍は武装解除に応じることなく反乱を起こすにちがいない。そこでアメリカは「停戦協定」を破棄し、戦いが再開される(51)ことになろうが、降伏だ、いや、もういちど戦うのだと振りまわされる国民は極度に混乱することになる。国民の士気を維持できるはずがない。その昔に山県有朋公が語ったところの「国家の元気」なるものは地の底にまで墜ちてしまう。このように考えたのである。

そして、木戸および両松平は口にだしたかどうか、そのような事態になれば、抗戦派はすべての責任を宮廷の軟弱派、宮廷の親英米派のせいにするだろうと思ったにちがいない。

だが、戦争終結のための準備ははじめなければならない。そのためには、まず対ソ交渉をおこなうことだ。ソ連と友好的関係を結び、独ソ間の和平斡旋はできないか。そしてもうひとつ、対重慶交渉をはじめる。重慶の国民政府と和平を回復する。

木戸が説いたことであり、かれが信頼する重光葵の考えだった。松平恒雄はどのように考え、なんと言ったのであろう。

それから九日あと、七月八日の午前、木戸は近衛と会った。近衛のほうから会いたいと言ってきたのである。木戸は松平康昌、松平恒雄とのあいだで意見の一致をみた考えを語り、いますぐ講和にもっていくことはできないと言ったのであろう。近衛もそれを認めた。木戸は対ソ交渉をはじめなければならないと主張したが、近衛は反対し、講和するときにはイギリスに申し入れるのがよいと言った。

ところで、近衛は松平恒雄と松平康昌が木戸に語らなかったこと、重光葵も言わなかったことを木戸に提言した。

近衛は木戸に会ったその日の午後、東久邇宮にも会った。近衛は木戸と話し合った内容を伝えた。東久邇宮はその一部始終を日記に記した。その最後の一節はつぎのとおりである。

「講和のさい、今上陛下は御退位になり、皇太子に天皇の地位をおゆずりになって、高松宮を摂政とする」(52)

近衛が木戸にこのように説いたとき、木戸は押し黙ったままだったにちがいない。これについてはこのさきで述べる機会があろう。

それから十日あとの七月十八日、東条内閣は総辞職した。近衛と木戸は七月八日の話し合いで、「東条内閣のあとは、だれか短命内閣をつくらなくてはならぬ。それには寺内がいいだろう」ということで一致していた。

だが、東条英機が寺内寿一《ひさいち》を後継首班とすることに反対し、小磯国昭が選ばれた。木戸は小磯に新方針を示したのであろう。

木戸が宮内大臣、秘書官長とはじめて戦争終結の問題を討議してから五十日あと、八月十九日、御前会議で「今後採ルベキ戦争指導ノ大綱」が決まり、「帝国ハ徹底セル対外施策ニ依リテ世界政局ノ好転ヲ期ス」と定めた㊿。「世界政局ノ好転」はできなかった。対ソ交渉は一歩も進まず、対重慶交渉もこれまた一歩も進まなかった。

首相の小磯はそうは考えなかった。繆斌《ミョウヒン》という南京政府の幹部をパイプにして、対重慶交渉を進め、国民政府と友誼の道を開くことができると考えた。それを木戸が邪魔をし、潰しにかかっていると小磯は怒り、天皇に向かって木戸を批判した。それを知って、今度は木戸が怒り、倒閣に踏みだした。

さて、鈴木貫太郎政権が発足して一カ月足らずあとの五月二日、ヒトラーの死が公表され、政府、軍の幹部㊿のだれもが不安に胸を圧迫され、なにかしなければいけないという焦燥感にさいなまれた。宮廷の人びとも同じだった。前に何回も記したとおり、五月五日に木戸は近衛と話し合った。天皇は戦争責任者処罰の問題も受け入れざるをえないと語られたのだと木戸が言った。近衛は大きな前進だとうなずいた。

つづいて近衛は木戸に向かって重大なことを言った。閣議で、あるいは最高戦争指導会議で、たとえば海軍大臣が戦争の終結を説き、戦争を継続すると主張する陸軍大臣と対立することになった場合、当然そうなるであろうが、そのとき宮廷、すなわち内大臣ははっきり海軍大臣の主張を支持しなければならない、そうしてほしいと言った。

三年半前、昭和十六年十月に内大臣が犯した、取り返しのつかない過ちをもういちど繰り返してはならないぞと近衛は木戸にはっきり念を押したのである。

それから六日あとのことになる。

五月十一日だった。その日の午前、はじめて構成員だけの六人の最高戦争指導会議が開かれた。陸海軍の軍務局長、内閣書記官長は陪席しなかった。

天皇も、前もって首相の鈴木貫太郎から、会議の議題について説明を受けておらず、会議が終わったあとも、首相は参内しなかった。木戸がなにごとかと気にして当然だった。もちろん、胸のなかにあるいちばん大きな問題は、六日前、近衛に言われたことであったはずだ。戦争をやめねばならぬと海軍大臣が主張し、陸軍大臣がそれに反対し、閣内不統一の事態となったとき、宮廷は素知らぬ顔をしていてはだめだぞ、内閣は総辞職に追い込まれ、海軍大臣は犬死にすることになると言われたことであった。

その日の昼過ぎ、木戸が使いをだすか、電話をかけたその相手が松井成勲《せいくん》だった。

情報提供者、たとえば松井成勲

木戸は首相をはじめ各大臣と会い、内務省の警保局長、あるいは警視総監と面談し、かれらから情報を得てきている。ところで、政府の役職者以外に定期的に会うようにしている者が何人かいる。そのうちのひとり、松井成勲という人物から、木戸が欲するもっとも重要な情報、陸軍中央の内部情報を毎月得てきている。

要人の暗殺を説き、「国内特攻」といったことを主張する海軍の若い連中がいるようだが、陸軍と接触の動きはあるのか。天皇は満洲へ御動座するといった噂が根強いが、だれが言っているのか、本気で喋っているのか。三笠宮擁立といった情報があるが、これは海軍側のためにする作り話か、陸軍軍務局内でそんなことを喋っている男がほんとうにいるのか。こうしたことを知ろうとする。

大きく脇道にそれるが、ここで松井亀太、成勲について語っておこう。

それぞれの時代に、そのときに大きな力を持った実力者の信頼を勝ち得、かれの陰の部分の仕事を受け持ち、舞台裏で陰謀の才を発揮し、隠然たる力をふるうアウトサイダーがいる。もちろん、昭和のこの時代、最大の力を持っているのは陸軍、海軍の中央官庁の中核機関である。陸軍省軍務局に密着してきた矢次《やつぎ》一夫はそんなひとりである。いつからか海軍の主役となった海軍航空の実力者と密接な関係を結んだ児玉誉士夫《よしお》もそんなひとりだ。松井成勲は陸軍中央の幹部に食い込み、仕入れた情報を宮廷高官に届けるというビジネスを開拓した。

陸軍側にしてみれば、内大臣に信じてもらいたい話を松井に喋り、内大臣、宮廷高官の心の底を松井から聞きだそうとし、内大臣側からすれば、陸軍の中級幹部が考えていること、下級士官の跳ねあがりが唱えていることをつかんでおこうとする。

こうして松井は、木戸にとっても陸軍にとっても、なくてはならない存在となっている。つぎにかれはこの無形の肩書を利用して、三井の理事、三菱の重役からカネを得てきた。

ところで、松井はなにがきっかけで宮廷高官と親しくなり、陸軍中央に食い込んだのか。

矢次一夫はいくつもの労働争議を解決する強腕さで財界に顔を売り、児玉誉士夫は、直訴をする、財界首脳を公然と脅す、重臣殺害を意図するなどその向こう見ずさが買われて、野に児玉ありと高級官吏、上級軍人に目をかけられるようになった。松井が力を持つようになったきっかけは、巧みなお膳立てをして人を殺したからだということを陸軍首脳と木戸は噂として聞きおよんでいたはずだ。

松井は小学校教員を早くに辞め、恐喝、横領、詐欺といった前科がつくことになる稼業に精をだした。やがて、首領クラスの政治家の走り使いをすれば、より安全に、桁ちがいのカネを儲けることができると知り、政友会の院外団となり、こまめに動くその神妙さを買われ、田中義一、久原《くはら》房之助に気に入られた[55]。

そんなとき、首相の田中義一が陸軍大臣だった時代に軍の機密費を数百万円費消したのではないかという疑惑が持ちあがった。政友会の総裁になった田中の政治資金はシベリア出兵で膨らんだ軍の機密費だったという疑いは大いにありそうなことだった。政友会は議会内の少数党であり、大金を投じての多数派工作に懸命だった。この機密費問題を精力的に調べだしたのが東京検事局次席検事の石田基《もとい》だった。

横領の事実が明らかになれば、首相田中と政友会が受ける打撃は計り知れない。ところが、石井が死んだ。大正十五年十月末のことだ。他殺とも事故死とも受け取れる死に方だった。怪しい動きがあったと疑われたのが松井だった。かれは、二人ほど人を使って石田を殺させた首謀者ではないかと推測されたが、事件は迷宮入りとなった。犯人は、石田の死にびっくりした人たちに向かって、かれの死は事故死なんかではないぞ、ほかのだれでもないこのおれがみなに代わってやったのだと匂わせながらも、けっして検察に尻尾をつかませなかった。機密費横領事件はそれで幕となり、政友会首脳はほっと息をついた。

こうして松井は一目置かれる存在となったが、つぎつぎと主人を取り替える羽目となった。昭和四年に田中義一が急死した。そこで、森恪《つとむ》という、陸軍と親しい、野心の固まりのような、これまた政友会領袖の腰巾着となった。だが、森も昭和七年に早死にした。その間も松井は陸軍中央、久原房之助とのつながりを確保していた。そして、これはと思う政治的な動きがあれば、接近して、なかをしっかりと覗き込んだ。かれがそのときどきのクライアントの信用を勝ち得たのは、内務省警保局がつかんでいない、憲兵隊が気づいていない、とびきりの情報を提供できたことが理由だった。

木戸との接触は、内大臣秘書官長時代の昭和十年三月にはじまり、憂国の志士として売り込んだ。松井が「時局の切迫」を木戸に教えたのが、訪ねるようになって八回目、その年の十月九日だった。それ以降、松井は木戸を訪ねなかった。

だが、昭和十一年一月末のことか、木戸は日記には記さなかったが、松井からいちど電話を受けたのではないか。極秘の情報をお知らせします、一千名くらいの人間が動く一大異変が近く起きるやもしれません、と告げられたのではなかったか(56)。

五カ月ぶり、木戸の昭和十一年三月九日の日記に松井の名前がでた。

「十時過、松井成勲、鈴木大佐等より電話にて、組閣は出来得るならんとの情報あり(57)」

木戸が待ちに待った情報だった。前に何度か述べたとおり、宮廷と政府の指導者が殺されてしまい、あるいは動きがとれないでいたとき、クーデターをどう始末するかのプログラムを木戸はひとりでつくり、宮内大臣と天皇の支持を得た。そのときにクーデター派の首領が意図していたのは、時局収拾を名分にクーデター派を支持する人物を首相とする暫定内閣をただちに発足させることだった。これを天皇がけっして認めないとしたのが木戸の計画だった。そこで、天皇は、現内閣の辞職を許さない、反乱軍は討伐すると指示した。つづいて木戸と宮内大臣の湯浅倉平はつぎの内閣の選定を陸軍の幹部から奪い、自分たちの手に収めた。

反乱の勃発から七日目、三月五日に広田弘毅を首相に奏請するところまでは木戸はうまくやった。ところが、陸軍が巻き返しにでた。あれこれ口をだし、閣僚の顔ぶれが容易に決まらないまま、すでに五日目を迎えていた。陸軍内の強硬派は勢いを取り戻していた。すべてはご破算だと息巻き、陸軍上級軍人、それとも陸軍系の皇族を首相にしろと迫っていた。木戸が天皇の支持を得たところの反乱事件の後始末の基本方針を葬ってしまうことにもなりかねない情勢だった。

木戸は松井の電話の伝言に安心し、自信をもってすべてを切りまわしはじめたことが、結果的に陸軍を後ずさりさせることになった。電話から十時間あとの午後八時、広田弘毅を総理大臣とする親任式がとりおこなわれた。

もう少し付け加えよう。木戸が日記に記した鈴木大佐とは鈴木貞一のことだ。東条内閣の企画院総裁のポストに座り、日本の鉄鋼生産量、戦闘機の生産数、なにもかもしっかりと承知しながら、アメリカと戦うべしと主張してしまったことは前に述べた。(58) 二月のクーデターのときには、かれはクーデター派の後ろに控えていた将軍たちに信頼されて、いわゆる皇道派の侍大将だった。かれはそのとき内閣調査局に出向していた。松井はといえば、クーデター派幹部のひとりに深く食い込んでいた。そして、クーデター派の背後にいたひとりに、膨大な資金を持つ久原房之助がいた。松井の顧客のひとりが久原だったことは前に記した。

蜂起した若手将校グループに同情的な人物を首相とする暫定内閣をただちに発足させるというクーデター派の計画は、木戸と湯浅の案を天皇が採用したことで行きづまり、巻き返しも思うようにいかなかった。勝てる見込みはないと鈴木が最終判断し、松井もクーデター派のゲームから足を抜くときだと思い、二人は立場を変えた。クーデター鎮圧の陰の主人公にしっかりと軸足を移したのである(59)。

もっとも、松井はクーデター派を支援していたことから、憲兵、警察に睨まれ、取り調べを受け、監視されることになった。反乱を鎮圧した側の軍幹部からも袖にされたのであろう。それが理由だったにちがいない、そのあとずっと木戸を訪ねなかった。かれが木戸のところを定期的に訪問するようになるのは翌昭和十二年五月からである。すでにかれは陸軍の権力保持者のご機嫌を取り結んでいた。

月に一回は、木戸は松井と会った。重大事件が起きれば、木戸はかれに来るようにと連絡し、たてつづけに会った。昭和十四年、十五年には三十回以上、昭和十六年は十五回だった。

この昭和十五年から十六年に松井は仕事の間口をひろげる変わった試みにかかわったことを記しておこう。アメリカに行き、ホーンベック、ハミルトンといったアメリカ国務省の極東担当の幹部に日米両国の友好を訴えた橋本徹馬という人物がいた。それらの会見はなにも生みだすことなく終わったが、かれの渡米を支援したのが松井だった。陸軍はかれらの動きを警戒し、その背景を探ろうとした。憲兵隊は松井と昭和十六年はじめに帰国した橋本の二人を捕らえた[60]。

留置は一カ月に及んだ。松井は親しくしていた陸軍省の幹部がかれの早期釈放のために動いてくれなかったことを恨んだにちがいない。だが、現在のかれの考えはちがうだろう。つぎの角を曲がりさえすれば、四年前のその逮捕拘留が勲章として通用するようになると思っているはずである。

さて、松井の木戸訪問は昭和十七年はわずか四回だった。十八年は五回にとどまった。木戸は陸軍大臣を兼任した首相の東条英機と密接な関係を結んでいた時期だった。木戸が松井を遠ざけたのであろう。松井が先月も内大臣官邸を訪ねたといった憲兵情報が東条の耳に入れば、あのようないわくのある男を使って私の足元を探らせているのかと東条は不快に思うだろうと木戸が考えてのことだったにちがいない。

だが、東条を信用していればすべて太平といった日々は終わった。昨年は以前と同じように、月に一回、木戸は松井に会い、今年に入っても、それは変わりない。

ここで前に記したことに戻るが、先月、五月十一日の昼過ぎ、木戸が会おうとしたのがこの松井だった。

松井成勲の長い話はこれでおしまいにする。

その日の午後早く、木戸がなにを知りたいと思ったのかは容易に想像がつく。どうして内閣書記官長や軍務局長を排除した会議を開いたのか。「大転換」を論議したに決まっている。そこで、かれの胸のなかにあるいちばん大きな問題は、前に繰り返し述べたとおり、六日前に近衛に言われたことであったはずだ。戦争をやめねばならぬと海軍大臣が主張し、陸軍大臣がそれに反対し、閣内不統一の事態となったとき、宮廷はしっかり海軍大臣を支持しなければだめだぞと言われたことだった。

木戸は六人だけの最高会議でなにが討議されたのかを知らねばならず、はたして米内光政と阿南惟幾《あなみこれちか》との対立になったのかどうかを東郷茂徳《しげのり》に尋ね、米内光政に問うつもりでいたが、自分で探らねばならないことがべつにあった。

なによりも大事なことは、梅津美治郎、阿南惟幾がその会議について部下にどのように喋ったのか、陸軍内でどのような噂が流れているかということだ。だからこそかれは松井を呼び、市谷台の動きを探ってくれと指示したのであろう。

そのあと会議はなお二日つづいた。やがて木戸は松平康昌や米内光政から会議で決まったこと、ソ連に和平の仲介を求めるという計画が阿南惟幾の反対によって棚上げされたと聞くことになり、ひとまず面倒なことにはならないとほっとしたはずだった。

木戸は自分が戦争終結の問題をはじめて口にしてから十一カ月がたつのだとあらためて思い、つぎのように考えたにちがいない。

いまや絶望的な難局にあることはだれもがわかってきている。沖縄の守備軍は反撃したものの、敵の前線を突破することができないまま、じりじりと後退し、最終局面を迎えようとしている。最後の秘密兵器、桜花も期待どおりに敵艦隊を壊滅できなかった。都市という都市が焼かれていくが、襲ってくる敵機を撃墜できない。軍も政府も本土決戦を唱えるしかなくなっている。降伏もいたしかたないと心の奥底で思う人は増えている。

支那派遣軍の司令官、幕僚たちの考え、関東軍の参謀長、師団長の考えも一年前とはちがうだろう。だが、すべては敵側の要求次第だ。アメリカが日本の君主制度の廃止を要求してくるのであれば、支那派遣軍、関東軍はもちろんのこと、市谷台も徹底抗戦を叫ぶだろう。阿南惟幾の主戦論にしても、アメリカの態度が明らかになるまでうかつな態度をとってはいけないということなのだろう。

天皇はどうか。

五月五日に木戸が近衛に語った内容は前に記した。もういちど繰り返すなら、その日、木戸は近衛に向かって、お上は戦争責任者処罰の問題を受け入れるという考えになられたと語った。

このさきでもう少し詳しく述べねばならないが、木戸は天皇が戦争責任者処罰の問題を受け入れると述べたということを近衛以外の人びとに明かすつもりはないのではないか。なによりも、天皇は木戸に向かってこの問題をだれもが間違いなく了解できるように語ったわけではなかったのではないか。

さて、木戸と会った人のなかで、天皇の戦争責任問題に触れる人は近衛のほかにいなかった。だれもが木戸にこのことを語らねばならないと考えても、どうしたらよいのか決断がつかず、言いだすことができない。

海外領土も、海外資産も、海外市場も、軍備も、工業設備も、商船隊も、すべてを失うことになるのはいたしかたないが、ただひとつ、日本が団結して再生するために国体を護持しなければならない。だれもがこのように語るだけなのである。

木戸に向かって、この問題をはっきりと説く訪問者が現れた。

南原繁《しげる》と高木八尺《やさか》である。二人はともに東京帝大法学部教授である。

木戸は近衛と会った二日あとの五月七日、この二人と会った。戦いの見通しについてのかれらの考えを聞いた。

そして、五月三十一日の朝、高木が木戸の仮住まいを訪ねてきた。もういちど、われわれの話を聞いてくれと言った。

今月一日に木戸は再び二人と会った。

木戸は一日も早く戦争を終結しなければならないという主張を聞くことになった。学者の机上の無味乾燥な学識の披露ではなかった。論旨の一つひとつは珍しくなかったし、だれかが喋ってきたことだったし、木戸自身が考えてきたことでもあった。だが、戦いをつづけてこそ相手に譲歩を促すことができるという主張は詭弁にすぎないばかりか大きな誤りであると、いたって単純な説明を聞いたとき、瞬時にかれの眼底から胸中に電光が一閃となってとどいたにちがいなかった。

かれは日記には記さなかったが、手帳にはそのただひとつの要点、なぜ一日も早い戦争終結が必要かをしっかりと記したはずであった。これについてはこのさきで述べる。

東大法学部長、南原繁

ここで南原繁と高木八尺が六月一日に内大臣にどのようなことを語ったのかを見なければならないが、まず、かれらの経歴から語ろう。

南原と高木はともに五十六歳、南原は明治二十二年九月の生まれ、高木は十二月だ。ついでに言えば、木戸幸一がこれまた明治二十二年七月の生まれだ。このあと述べるが、木戸は高木と学習院で一緒だった。

南原と高木は一高、東京帝大法科大学政治学科で同学、一高時代には新渡戸《にとべ》稲造《いなぞう》、内村鑑三の指導を受け、東大では小野塚喜平次《おのづかきへいじ》教授に師事して、ともに東大の教授となっている。

南原繁ははじめ内務省に就職した。富山県射水《いみず》郡の郡長だったとき、米騒動にぶつかった。本省に戻って、労働組合法案をつくろうとして思うようにいかなかった。そんなときに小野塚喜平次に大学に戻るように勧められた。警保局図書課の勤務が最後となった。部下にいたのが安倍源基《げんき》だ。現在、安倍は内務大臣である。安倍が木戸幸一を盟主とする新長州閥の一員であることは前に述べた(61)。

大正十年、南原は内務省を辞め、東大からドイツに留学し、帰国して法学部の助教授となった。

前東大総長の小野塚喜平次は昨年十一月末に軽井沢で亡くなり、十二月五日に東大中央講堂で葬儀がおこなわれた。弟子のひとりだった蠟山《ろうやま》政道はそれに参列したため、友人の清沢洌《きよし》がつくった日本外交史研究所の発会式に出られなかったことは前に記した(62)。

その葬儀で門下生を代表して弔辞を読んだのが南原繁だった。「かつて他の学校に学を講じたことなく、その論文を執筆せられたのも、大学の機関誌に限られ、しかも発表に極めて慎重、寡筆であられたことも、同学の者の間に著名な一つの逸話でありましたが」と述べたが、本を書かないのは小野塚先生一門の伝統だとは南原が何回も弟子たちに語ったことだった。ところが、昭和十七年にかれは「国家と宗教」を発刊した。講義内容をまとめた難解な本であったにもかかわらず、たちまち五千部が売れた。

かれが東京帝大の法学部長になったのは、この三月九日だ。その翌日払暁の空襲で、下町は灰になった。かれはつぎのように詠んだ。「大爆撃に一夜のうちに焼け果てし市路に立ちて声さえ出でず」

かれの家は淀橋区下落合二丁目にある。この五月二十一日、徳川義寛《よしひろ》は日記に「南原氏、隣組長になる」と記した。徳川義寛は侍従兼式部官だ。御三家のひとつ、尾張徳川家の出だ。ドイツ留学から帰国して帝室博物館の研究員となったが、昭和十一年に宮廷入りした。三十八歳になる。

五月二十三日、二十五日の空襲も、南原、徳川の隣組は無事だった。大学構内も焼かれていない。焼失したのは構内の南端にある大学のゲストハウスの懐徳館だけだ。前田利為《としなり》が建てた豪壮な洋館だった。だが、大学内に学生の姿はない。繰り上げ卒業、学徒出陣で、学生の大部分は兵営に入り、戦場に行き、徴兵前の学生は勤労動員で働きにでている。法学部の学生はこの五月から艦政本部、相模海軍工廠、文学部の学生は新潟県岩船郡関谷村に行き、農作業をおこなっている。

横道にそれるが、東京帝大の学生のうちで、航空機製造工場に派遣されている者たちがなにをやっているかを見ておこう。

文学部の学生四十五人は今年一月から中島飛行機の三鷹研究所に動員されている。昭和十六年入学の哲学科の斉藤健はこの五月十六日から三鷹に動員されている東大学生隊の隊長である。学生たちは工場の岩手疎開の責任も負わされていることから、かれは岩手地区の支隊長を兼任している。

二カ月前、三月二十六日に斉藤は手帳につぎのように書きとめた。

「第一回進空式、昭和十六年十二月八日に三鷹研究所鍬入れ式後始めて試作機二機種初飛行をなす。祝賀会を催す(63)」

これがキ—115の試作機だった。この特攻専用機については前に何回も記したが(64)、重ねて述べよう。

キ—115は爆薬を抱いて敵艦に体当たりする「特別攻撃機」だ。徹底した簡易構造にして、生産を容易にしている。代用材料、薄鋼板、強化木を大幅に用いる。脚はいちどの離陸に使うだけだから、離陸と同時に落下させる構造だ。計器の装備もわずかにする(65)。陸海軍べつべつにつくるといった余裕はなく、陸海軍共通機だ。陸軍がキ—115、あるいは剣、海軍は藤花と仮の名をつけているが、海軍側でもキ—115と呼んでいる。

海軍ではこの体当たり機の生産に艦政本部が乗りだしている。いまさら駆逐艦や巡洋艦をつくってもしようがないということで、支配下の海軍工廠、造船所で来年二月までに一千機以上をつくるといった計画をたてている。そして現在、この六月のことになるが、呉海軍工廠は技術習得のため、中島飛行機の太田製作所に二百人の工員を派遣しようとしている(66)。

海軍工廠や造船所がこんな具合だから、中島飛行機の三鷹研究所でも現在、試作機をつくる余裕はない。四月一日に中島飛行機は第一軍需工廠となって、三鷹研究所は第二十一製造廠、第二十二製造廠と名称を変えている。そして、第二十一製造廠は疎開の計画をたてている。

東北疎開のために、総務企画課に勤労動員されている文学部国史科の黒住武が三月十一日に岩手県和賀郡黒沢尻町に向かったことも前に記した(67)。三鷹研究所は陸軍航空の管轄にあることから、東北への疎開ということになって、岩手県の陸軍飛行場に目星をつけた。

飛行場は黒沢尻町と横手町を結ぶ横黒《おうこく》線の沿線、和賀の近くにある。後藤野《ごとうの》と呼ばれる尻平《しったい》川の扇状地に飛行場がつくられたのは昭和十三年のことだった。岩手県内の青少年男女の勤労奉仕によって完成した。後藤野飛行場と呼ばれ、陸軍の練習機や軽爆撃機の訓練がおこなわれてきた。現在、横黒線沿線の上空で爆音が聞こえることはまずない。燃料がないのだ。

この後藤野飛行場に完成したキ—115を送りだす計画だから、工場は横黒線沿いの町に探すことになった。いまから新たに工場を建設する資材もなく、地下壕を掘っていては間に合わないから、国民学校の講堂、町や村の中心部にある芝居小屋、そして鉄道駅の近くの農会の倉庫、田んぼの真ん中にある酒造場の酒蔵を借りることにした。

黒の角帽に黒い外套の痩せた若者たちは横黒線の一つひとつの駅を下り、町役場に行き、雪のなかを歩き、工場になるような建物を探し、とうとう県境を越えて秋田県の横手町まで行った。横黒線の沿線だけでは工場は足りず、黒沢尻から東北本線の南の水沢、黒沢尻からの街道を歩いて岩谷堂まで行き、黒沢尻から北の東北本線駅の花巻町にも足をのばした。

町や村でいちばん広い空間のある建物を借りた。芝居小屋の土間の板敷きは外され、国民学校の体操場の床板が外されることになる。

ところで、機械の据え付け配置図を読むことができず、それどころか機械自体のことが皆目わからず、作業がはじまれば必要な電力についての知識も皆無なら、トランスがなんの機能を果たすのかも知らない倫理学科の学生や仏文の学生に工場疎開の大役を任せっきりにして第二十一製造廠の幹部たちは平気だったのか。

じつをいえば、工場疎開は、素人がやっても玄人がやっても、いまとなってはなんの変わりもない。

三菱の発動機生産の中心工場、火星と金星をつくってきた三菱発動機製作所、大幸のことは前に何回も記したが、思いだしてみよう。工場が破壊されてしまう前に一基でも多くの発動機をというのが政府の方針だったから、爆撃がはじまるまで、大幸では基幹工場の疎開をしなかった。昨年十一月末から爆撃がはじまって工場疎開にとりかかったが、それでも生産第一主義は変わらなかった。空襲警報がでて、工場の建物のあいだにある壕に退避させていた従業員を、爆撃による犠牲者が多いことから、警戒警報がでたら歩いて十分、十五分さきの丘の林のなかへ避難させるようにした。工場疎開は二の次だった。

陸海軍の幹部がなによりも恐れたのは生産の中断だった。アメリカの航空機工場なら、新型発動機の製造にすべてを振り向け、その新しい発動機を積んだ新型の戦闘機の製造にすべてを切り替えることができる。こうしたことがドイツの航空機工場にはできず、日本の航空機工場にもできなかった。切り替えるには生産を一時中断しなければならず、戦局が厳しいときにはとても容認できることではなかった。

同じように、空襲によって破壊される前に生産を断念して疎開することなど、とてもできることではなかった。破壊される前に全工場を疎開させることにすれば、発動機の生産が再開できるようになるまでには何カ月もかかるだろう。しかも、順送りの一貫作業の生産ラインの建設など望むべくもない。そして、生産開始のときにはもはや疎開工場に供給できる原材料、燃料などないのではないか。

このように考えていたから、四月のはじめの爆撃で工場が完全に機能を失ってはじめて、三菱の大幸は全工場の機械や工具の疎開を開始することになった。大幸は「生まれ出たかまきりの子のようにてんでんばらばらに散ってしまっている」と前に述べたが[68]、大幸の首脳陣は疎開工場になんの期待もかけていない。

この四月一日、第一軍需工廠と名称が変わった中島飛行機の、これも第二十一製造廠と名称を変えた三鷹研究所の幹部たちも大幸の首脳陣の考えることと同じだった。岩手の疎開工場になんの期待もかけていないから、なにもわからない学生たちにすべてを任せているのだ。

第二十一製造廠と名前を変えたのと同様、すべての工場が数字番号で呼ばれるようになっている。この五月三十日にキ―115の疎開工場は番号名を変えた。黒沢尻の工場が一八四工場、水沢が一八九工場、岩谷堂が一八八工場、横手一九〇工場、湯沢は一七六工場となっている[69]。

学生たちは工場の番号名を並べ、懸命にキ―115の生産計画をつくってきている。黒沢尻に総務と設計部門を置く。横黒線沿線の駅、江釣子《えづりこ》、藤根《ふじね》、横川目《よこかわめ》に部品工場を配置すると語り合えば、後藤野飛行場に送り込まれる一号機が目に浮かぶ。だが、頭が痛いのは仙台の軍需管理官宛ての生産遅延を弁解する報告書を書くときだ。

今月中旬には三鷹から黒沢尻、横手に新たに派遣される者がさらに増える。そして、入営するために動員解除となる者も三人、四人とでてこよう。

ほかに航空機製造工場に動員されている学生は、法学部に残っている新旧一学年生、百二十人だ。五月のはじめから高座《こうざ》海軍工廠に行っている。

説明を加えるなら、昭和十九年十月の入学者と区別して、この四月一日の入学者を新一学年生と呼称したことから、昨年十月一日に入学した百五十人を旧一学年生と呼んでいる。新旧一学年生の授業は四月二十八日で終わりとなった。

高座海軍工廠が神奈川県中央の相模野台地に開廠したのは昨年の四月だ。

音田正巳は高座が開廠したときに会計部員になった。かれは昭和十四年五月に海軍経理学校に入学した第二期補修学生だった。東大経済学部を卒業し、日鉄に入社して一カ月がたったばかりのときだった。駆逐隊の主計長となり、司令搭乗の駆逐艦に乗艦したのが最初の勤務だった。陸に上がり、呉工廠転勤となってまもなく、アメリカとの戦争がはじまった。昭和十八年七月に予備役となったが、十一月に応召、高座海軍工廠勤務となった。

召集される前、かれは河合栄次郎の大森の家に通い、社会哲学の個人指導を受けた。大学を追放された河合は家で勉強をつづけ、相変わらず弟子との交流を大切にした。音田は高座勤務となってからも、月に一回開かれる河合の研究会に通った。かれがよく覚えているのは、その年の十二月、メンバーのひとりだった朝日新聞記者の土屋清が他言はしないでくれと言って、つぎのように語った話だった。

戦況はいたって不利だが、目下海軍で戦闘機の大量生産計画が動きだしつつある、もしこれが成功すれば、アメリカ軍に一大打撃を与え、講和のチャンスをつかむことができるかもしれない(70)。

土屋が語ったのは、海軍を航空化してしまう構想をたて、生産するアルミニウムの三分の二を海軍がとろうという計画だった。土屋はこれを毛里英於菟《ひでおと》から聞いたのであろう。毛里がこの構想をたてたことは前に記したし、毛里と土屋が親しいことも前に語った(71)。

音田正巳はそれを聞いて、かれが操業準備をすすめている高座海軍工廠がその大量生産計画の一翼を担うことになるのだと気づいた。高座でつくろうとしているのは、防空戦闘機、海軍の用語で言えば局地戦闘機、略して局戦、現在、厚木航空隊の主力の雷電である(72)。年間六千機つくるという大計画だった。

なお、河合栄次郎のことに一言触れておこう。昨年二月に音田が台湾に行こうとしたやさき、河合は急逝した。工廠の要員を台湾の少年で埋めようということになってのことだった。

高座海軍工廠のことに戻るが、一昨年から昨年に実施されたすべての生産計画、増産計画、たとえばアルミナ、アルミニウムの生産、高炉の建設、ロケット兵器・秋水とその燃料の開発、生産と同じように、この航空機大増産は威勢がよかったのははじまりだけだった。毛里英於菟が唱えた航空第一主義、海軍航空化の構想が軌道に乗ったとしても同じことだった。資材もなければ、機械もなかった。

中島や三菱の生産機数と肩を並べ、高座が月に五百機を生産するという計画は夢物語だった。百機に切り下げられた。だが、それもしょせん不可能だった。

工廠内の工場の規模も縮小された。八十六ヘクタール、二十六万坪の敷地のいちばん南に機体組立工場がつくられた。この第一工場はほかの工場の倍のひろさがあり、鉄骨だ。屋根の棟が二つに分かれている。ほかに第二から第五まで四つの木造の工場が並ぶ。

六つの高い棟は塀越しに遠く離れた起伏する丘の麦畑のどこからも望める。そこで人びとは「ろくこうば」と呼んでいる。

「ろくこうば」でやっと最初の一機が完成したのはこの三月だった。第一組立工場で完成した雷電は両翼を折りたたみ、四十メートル幅の東門をでた。門に並んだ人たちが目をうるませ、頑張れよと叫んだ。本土の守り手となる雷電は東隣にある厚木基地に運ばれた。

四月は十機、五月は十五機だというのだが、(73)これはほんとうの生産数字なのであろうか。軍需省航空兵器総局が航空機生産の大幅な減少に慌て、四月から大幅に水増しして発表するようになっていることは前に述べた。(74)

高座の構内は工場の建設が取りやめとなり、空き地は広大だから、音田正巳は農業作業隊をつくり、さつま芋、陸稲、とうもろこしを植えることにした。

どこも同じだ。たとえば長崎県大村にある第二十一海軍航空廠は裏山の斜面の開墾と農耕に多くの人員を割り当てているし、大村湾に面していることから、製塩もはじめている。

もちろん、食糧が不足するからだが、ほんとうは全員を働かせることのできる部品、原料がないためだ。高座には一万人の工員がいることになっているが、その半数を関西の航空機工場に派遣しているのも、同じ理由からだ。

さて、五月のはじめから高座海軍工廠に派遣されることになった東大法学部の学生のことだが、南原繁は同じ法学部教授の矢部貞治とともに四月二十三日に高座海軍工廠に下検分に行った。新宿から小田急の江ノ島線の大和で神中線に乗り換え、相模大塚まで行った。

五月五日の朝、矢部貞治と百二十人の学生は新宿駅に集合した。翌六日に入所式があり、南原繁も来た。そして、矢部は五日間、学生たちと同じ寮に寝泊まりすることになった。矢部の部屋は団藤《だんどう》重光と研究生ひとりの相部屋だった。

朝は五時起床だ。五時二十分に点呼があり、朝礼のあと体操をする。そして、午後九時三十分の消灯まで、すべて軍隊式だ。かれは大学への報告を書き、工廠長や音田正巳との交渉に毎日忙しかったが、学生たちの作業にも立ち会った。

航空機を生産する工場に動員されて農耕隊として働くというのはおかしなことだと矢部は思ったにちがいない。いまはだれもが bare existence 生き延びるために労働しなければならなくなっているのだと思って、⑮かれはため息をついたのである。

宿舎から細道を抜けて、工廠まで行くのがかれの毎朝の楽しみだった。学生たちから遅れて、緑の覆いが日増しにひろがるように感じるクヌギとコナラの枝の下をくぐり、あの若葉の映える木は花の終わったヤマザクラだろうかと団藤と語り合い、開けた斜面にでて、麦畑のさきのスダジイの大木の根もとに、昨日まで気づかなかった小さな赤い社《やしろ》を見つけ、大きな発見をしたように嬉しかった。

そう、今年の一月のことになるが、小さな赤い稲荷がタブの木の下にあるのを見つけた少女たちのことを前に記したことがある。⑯

逗子の沼間《ぬまま》の宿舎に寝泊まりし、横須賀海軍工廠、その分工場で働いている宮城県、福島県の女学生たちがいる。彼女たちは休みの日曜日には裏山に登った。仙台第一高女の遠藤洋子が級友たちと裏山に登り、丘のあいだの窪地に水仙の群れが花を咲かせているのを見つけ、「シークレット・ガーデン」と名づけたことも前に記した。湘南の冬の日は山歩きに絶好だった。相模湾がひろがり、富士山、丹沢の山々がすぐ近くに見えた。彼女たちは気づいただろうか、その青い山塊の手前の平野に小さな米粒ほどの飛行機が下りていくのが厚木飛行場だ。逗子から二十キロほどさきだ。高座海軍工廠はその左隣にある。

この六月のはじめ、休みの日の朝、裏山に登る女生徒はいるのだろうか。

高座海軍工廠のことに戻るが、五月十日に鈴木竹雄が交代のために来て、矢部貞治は大学に戻った。

大学構内に学生の姿はないと前にいったが、法学部の建物でわずかに姿を見せるのは特別学生と特別研究生である。

特別研究生は大学院の研究生だ。昭和十八年に発足した。二年間の徴兵猶予がある。昨年七月の特別研究生の第二回選定は、文科系の割り当てはなくなって、理、工、医、農学部の計八十八人だった[77]。法学部の特別研究生は昭和十八年の第一回の十二人だけだ。

特別学生について説明しよう。理学部や工学部、医学部の学生には勤労動員はないが、法学部、文学部、経済学部の学生は容赦なく工場、農村に動員される。そこで南原繁が文学部長と経済学部長と協議して三学部でおよそ百人を選び、勤労動員から除外して、学業に専念できるようにしようとした。授業年数は二年として、徴兵は延期となるように陸軍に働きかけることにする。これが大至急で決まって、法学部では、憲法と民法の試験をおこない、出身高等学校の内申書を参考にして、三十人を選んだ。

五月から十一月までを第一期ということにしている。高座から戻った矢部貞治は五月十五日に特別学生にはじめての政治学の講義をした。

さて、南原繁のことに戻るが、かれは権力の中枢である内務省を辞めて東大に戻ったという経歴から、また内村鑑三門下のキリスト教徒であるということから、そして、かれの講義が政治の哲学的基礎を追究し、純理論に立ち、カント哲学を説くその態度から、謹厳な、禁欲的な学者と思われ、その多産な短歌に率直な感情をわずかに表明しているだけと思われている。

この三月はじめに再応召されて広島の宇品《うじな》にいる助教授の丸山眞男が言った「洞窟の哲人」はまさに象牙の塔に沈潜している南原繁への適切な賛辞なのである。

ところが、かれに敬意を払わないほかの学部の教授は、かれの学内行政で見せる政治的手腕に舌をまき、「洞窟の哲人」など、身内の空お世辞だと思っている。

じつはかれの身内の弟子たちが驚くのも、南原が永田町、霞ヶ関とその周辺で起きていることに示す異常なまでの関心である。スチームのない研究室で、低血圧で寒がりやの南原が背中を丸め、助手の辻清明を相手に、近衛文麿、松岡洋右《ようすけ》、東条英機、小磯国昭、杉山元といった政治家から軍人たちの言動について喋り、陸海軍、右翼がやったこと、やろうとしていることを語りつづける。

そのような情報は新聞や雑誌には一切載らなくなっている。南原は新聞社の政治部記者からそうしたニュースを仕入れるのだろうか。内務省の昔の同僚、部下からなのか。だれよりも三土《みつち》忠造なのではないか。

七十三歳になる三土忠造は枢密顧問官である。かれは東京高等師範を出て、衆議院議員となった。その有能さを買われ、大正十年の高橋是清内閣の内閣書記官長となった。そのあと何回も入閣している。文部大臣、大蔵大臣、逓信大臣、なんでもござれだ。かれが数多くだしてきた随筆集を一読すれば、かれの有能さはよくわかる。近江商人、銀の国際相場、主題がなんであれ、たちどころに原稿用紙を埋め、問題点を指摘し、読者のための今日の教訓をまとめる。

南原はこの三土を褒めちぎり、財政経済の分野では、「その明敏なる頭脳と豊富なる経験を以て、自他ともに許したわが国の第一人者」(78)と言ったことがある。

それればかりか南原は三土の門下生だと自称している。二人は同郷ということで親しくなったのであろう。南原は故郷に強い愛着を持っている。南原と三土の生家は歩いて二時間足らずの距離だ。ともに香川県大川郡の生まれである。南原は現在も三土と連絡を欠かさない。

高木八尺が昭和十六年にしたこと

高木八尺の経歴に移ろう。かれは東京の生まれである。四谷の学習院中等科に学んだ。かれの父が学習院で英語を教えていた。同級に木戸幸一がいた。もっとも、木戸は中耳炎を患って休学し、弟の和田小六と同級になったことは前に記した。(79)かれらは遊び友だちだった。

高木と木戸のあいだにはもう少し縁があった。高木の父と木戸の父は同じアメリカ留学組だった。明治四年の岩倉具視の欧州派遣使節の一行に加えられたのである。前に触れたことがあるが、幸一の父の孝正はずっと宮内省に勤務した。八尺の父の神田乃武《ないぶ》は学習院で長く教え、かれがつくった英文法の教科書「ハイヤー・イングリッシュ・グランマ」は数多くの中学生に読まれた。八尺の姓が高木なのは、母方の祖父の姓を継いでのことだ。

高木は学習院高等科に進まず、第一高等学校に入った。和田小六も同じだった。二人はともに勉強がよくできたからである。

余計な説明を加えるなら、学習院高等科を卒業した者は、東京帝大、あるいは京都帝大の欠員のある学部に無試験で入学できることになっている。華族の子弟に高学歴を与えるための国の政策なのである。

高木は東京帝大法学部の政治学科で学んだ。かれは大学に残り、アメリカに留学し、法学部でアメリカ憲法とアメリカ史の講座を受け持った。かれは日本におけるアメリカ研究の草分けだった。そして、かれは学外でも活躍し、アメリカとの友好関係をつくろうと努力してきた。かれがそう思ったかどうか、思っていたにちがいないが、新渡戸稲造のあとを継いで、「太平洋の橋」になろうとしたのである。

前に触れたように、高木が一高で学んだときの校長が新渡戸稲造だった。そのあと新渡戸は大正九年から昭和元年まで、新設された国際連盟の事務局次長としてジュネーブで活躍した。満洲事変が起き、悪化する日米関係を懸念して、昭和七年、かれはアメリカに行き、大統領をはじめ多くの人に会い、両国関係の是正に努めた。「願わくはわれ太平洋の橋たらん」とは新渡戸稲造の言葉だった。高木は新渡戸に協力して、太平洋問題調査会に加わり、日本とアメリカ、中国とのあいだの相互理解に努めた。

今年一月に半官半民の団体がアメリカで大会を開き、戦後の日本の問題を討議したその内容に、天皇、皇族たちが不安を抱いたとは前に述べたばかりだが、その団体が太平洋問題調査会だった。

太平洋問題調査会のはじまりは、アメリカのYMCAの関係者が中心だった。日本、中国でも、YMCAが参加者を求めた。やがて宗教色を薄めるようになったが、参加する各国の団体は政府と関係を持たない民間組織であることを原則とした。昭和四年の京都会議のとき、陸軍がオブザーバーを派遣したいと言ったが、高木が拒絶したこともあった(80)。

そうしたことにかかわりなく、太平洋問題調査会は政治的な問題を討議するようになった。日本代表はアメリカの排日的な移民法をとりあげ、中国の代表は不平等条約の問題を提出した。

大正十四年の第一回のホノルル大会、昭和二年のこれもホノルルでの第二回大会、昭和四年の京都での第三回大会のいずれにも高木は出席した。昭和四年に井上準之助が大蔵大臣に就任して日本太平洋問題調査会理事長のポストを退き、新渡戸があとを継いだ。そして、新渡戸一門と呼んでいい人たち、穏健な外交を望み、独善的、偽善的な態度をとることを嫌う人びとが協力した。

昭和六年の中国の杭州で開かれた第四回大会には高木は出席できなかったが、昭和八年のカナダのバンフでの第五回会議には、高木は新渡戸と出席した。横田喜三郎と高木は「太平洋地域安全保障条約」の構想を提議した。その帰途、新渡戸はカナダ西海岸のヴィクトリアで客死した。

満洲事変が起きてからは、太平洋問題調査会の大会は日本の代表と中国の代表との論争の場になり、対日批判と中国への同情が太平洋問題調査会の支配的な空気となった。

高木は昭和十三年の中央理事会に出席するためにプリンストンに行った。これがかれと日本の代表が太平洋問題調査会の会議に出席する最後となった。

だが、高木が「太平洋の橋」になろうとした学外の活動はそれで終わらなかった。昭和十六年に高木は日米戦争を回避しようとして全力を尽くすことになる。首相の近衛文麿に協力してのことだった。学習院中等科から一高時代、近衛は二年下にいた。

余計な話をしよう。その年、もちろん昭和十六年のことだが、十月五日、海軍省軍務局調査課長の高木惣吉は「近衛首相の掌握せる三つの対米情報網」といった報告書をつくった。アメリカとの戦いに踏み切っても、あるいは戦いを回避できたとしても、調査をしなければならない問題は山のようにあったはずだ。どうして海軍省はソ連の東京の諜報機関でさえ関心を持たないようなことが気がかりだったのであろう。

そのとき海軍首脳部は、天皇をはじめ、陸軍、国民に向かって、アメリカと戦いたくないという本音を漏らすことができず、戦う戦わないは近衛首相に一任すると言い、その実、近衛が和平を手繰ってくれることを祈るような気持ちで見守っていた。そこで海軍大臣や次官が気にしていたことは、首相はだれを使ってアメリカ政府の幹部と内密の交渉をしているのだろうかということだった。

軍務局長、次官、大臣がその調査文書に目を通して知ったのは、近衛首相の持つ対米情報網は第一が「同盟通信の松本重治連絡系」であること、これは七月の経済封鎖のあとはまったく断絶してしまったというのだ。第二は外交官系であり、「松平恒雄宮内大臣や有田八郎前外務大臣の系統」だが、すでに絶望的だということだ。第三は三井系であり、池田成彬《しげあき》、米山梅吉、石渡荘太郎の系統だというのだ。

近衛首相がほかに「プライベート・チャンネル」を持っているかどうかは不明だと認めながらも、「第三の三井系の観測と首相の観測がつねに符節を合わせている」と記していた。(81)

これを読んだ大臣、次官、軍務局長はひどくがっかりしたにちがいない。

かれらが知らず、高木惣吉に情報を伝えた人びとが知らなかったことは、そのとき近衛首相がもっとも頼りにしていたのは、東京帝大の高木八尺教授だということだった。

海軍幹部がそれを知っても、首をひねるだけだったであろうが、それが明らかになったら、驚くのは東大法学部の高木の先輩であり、同僚であり、かれの講義を聞いてきた学生であることは間違いない。教授会でも、教室でも、教官室でも、もの静かで、人を押し退けて大声をだすといったことはまったくなく、だれにたいしてもしごく控えめな人物が国のためにあらん限りの努力をした。このあとで述べることになるが、最後の最後までかれは頑張りつづけた。そうしたことをした人は、政治家を含めて、もうひとりいるかいないかだったと知ることになれば、だれもが高木八尺にたいする認識を改めることになるはずである。

さて、かれがなにをしたかだが、前に何回か述べたことをここで繰り返そう。高木惣吉がそのつまらない報告書をつくる二カ月ほど前の八月、日本は滑りやすい長い斜面をずるずると滑り落ちようとしていた。陸軍の幹部はつぎなる戦いは海軍がすべてをするものと思い込み、できないならできないと言えばよい、戦うことができるならすべてはお任せするとこずるく構え、たいそう利口な手だてを弄しているつもりでいた。ところで、海軍首脳は海軍の名誉を守ることだけで頭がいっぱいだった。そして双方の中堅幹部はといえば、この倫理感の薄い、哀れな首脳陣、真の勇気を欠いた指導部に寄りかかって、威勢よく主戦論をぶっていたのである。

近衛が海軍首脳、陸軍幹部に向かって、戦争回避のために協力してほしい、勝てるとはわからない戦いを思いとどまってほしいと説得しても、どうにもなるはずはなかった。近衛は日米首脳会談にすべてを懸けた。陸海軍の主戦派、戦うべきだと説く世論形成家、そしてすべての愛国主義者を現実に引き戻し、臥薪嘗胆《がしんしょうたん》もやむなしと自覚させるには、ルーズベルトと取り決めをしてしまい、天皇の裁断を仰ぐしかなかった。高木八尺がこれに協力した。

首脳会談の申し入れは、駐米大使の野村吉三郎がアメリカ国務長官のハルに伝えたのが最初だった。昭和十六年八月八日のことだった。つづいて八月二十八日に野村は近衛の書簡をルーズベルトに手渡した。首脳会談を正式に呼びかけたものだ。高木はこの書簡の草稿に手を加えた。そして、かれは旧知のグルーに会い、首脳会談開催の支援を求めた。

だが、九月二日にルーズベルトは野村に返書を渡し、予備交渉こそが望ましいと主張し、近衛の構想を事実上葬った。

こちらが妥協をしようと考えているとき、相手は頑な態度をとる、まさに悲劇だと高木は思ったにちがいない。

九月六日、近衛はグルーに直接会い、首脳会談の開催を重ねて求めた。これは前に記した。[82]これも無視されて終わった。

高木はひどく失望したのと同時に、気が気ではなかった。アメリカ側に譲歩を求めるしかないと思ったかれは、グルーに手紙を書き、両国の予備交渉のためにアメリカ政府が日本の立場にもう少し理解を示すように求め、「内部の混乱を制御しようとして必死な努力をしている近衛の立場を強めるような一層柔軟な政策を進める」ようにと訴えた。これが九月二十六日付の書簡だった。グルーは高木が説くことにうなずいた。だが、ワシントンはグルーの説くところを聞き入れなかった。

高木は十月七日にグルー宛てにもういちど書簡を送った。アメリカ政府が強硬な姿勢をとりつづけていることをとりあげ、「戦争の危険は、ある種の人びとが論ずるように、日本が侵略戦争を安全に遂行できると考えた時にあるのではなくて、日本が正しいにせよ誤っているにせよ、窮地にまで追い詰められたと感じ、成否を度外視して、絶望的に立ち上がるときに、遥に大きいのであります」と述べたのだった。[83]

ところが、そのあともアメリカはいかなる譲歩の動きも見せないようだった。そして、国内では陸軍が強硬な態度を変えないようだった。首相は完全に行き詰まった。深い秘密に包まれていたが、起こっていることのおおよそがわかっている高木は、内大臣の木戸は孤立している首相を全面的に支援しなければいけないのになにを考えているのだろうと悔しく思ったはずであった。

十月十六日の午後七時、高木はラジオのニュースで近衛内閣が総辞職したことを知った。大きな衝撃だった。たいへんなことになると思った。高木はずっと考えつづけた。

軍人内閣が発足し、スマトラ、ボルネオの石油地帯を奪取しようとして電撃戦に打ってでるのではないかと疑った。まさかと打ち消そうとしたが、疑心は膨らむばかりだった。

フィリピンに手出しをしないで、オランダ、英国だけと戦うことができるのではないかと海軍が主張しているのだと小耳にはさんだのも、つい数日前のことだった。大丈夫だ、アメリカは出てこない、アメリカは、上院にも知識階級のあいだにも孤立主義者が多い。英国もアジアでとことん戦う余裕はない。ろくな訓練も受けていない英国とオランダの守備隊、貧弱な海軍部隊を叩くのはわけはない。こういった甘い読みで、軍令部と参謀本部は一六勝負にでるつもりではないのか。とんでもないことだ、間違いなくアメリカまでを相手とする大戦争になる。日本がやらなければならないことはただひとつ、対米交渉をまとめることだ。近衛公に大命を再降下して、第四次近衛内閣を発足させ、まずは日本側の態度に変化がないこと、両国関係の是正を熱心に望んでいることをアメリカに明らかにしなければならない。高木はこう考えた。

内大臣宛てに意見書を書く以外にないと思った。明十七日は神嘗祭《かんなめさい》、明後日十八日は靖国神社秋季大祭、十九日は日曜日、三連休だ。だが、後継首班を決めるための重臣会議は間違いなく明日開かれよう。熱海、伊東の別荘から来る重臣がいるから、会議は午後に開かれるのが通例だ。明日の午前中に意見書を届ければ、木戸が目を通す時間があろう。

かれは二つの問題をとりあげた。

まず、蘭領東印度を短時間で攻略するなら、英米両国は武力干渉にはでないといった見方は誤りだと説き、「英・米・蘭印・豪州等の協力戦を惹起せしむるは必至の勢と見ざるべからず」と書いた。

もうひとつの問題こそ、明日の会議の前に内大臣にしっかりと考えてもらわねばならない。だが、今夜のうちに、木戸は重臣のなかのだれかと打ち合わせをし、後継首班を内定してしまうのではないか。そんなことをぐずぐず考えてもしようがなかった。

「第二、近衛首相の確信に基づく日米国交調整の進捗のため凡ゆる手段を尽くす十分の機会を供すべき事」と題して、つぎのように記した。

「既に近衛首相の閲歴声明を以て此の乾坤一擲《けんこんいってき》の打開策に発足せし以上、国を挙げて之を支持するに非ざれば決して其の手段を尽くし目的を遂ぐべからず、何人と雖《いえども》荀《いやしく》も此の大業を阻碍するが如き行動は断じて許さるべからざる也。国難大なれば又従って、国家の重任に在る重臣の明断を仰望する国民の希望愈々《いよいよ》大なり。此の危局に当たって内閣更迭に、国策の変動・軍部強大等の疑念を抱かしむるが如きは、外交の目的よりしても極力防止すべき事多言を要せず[84]」

意見書は四百字詰め原稿用紙にして二枚半ほどだった。

翌十七日の朝、世田谷区成城町に住む高木は赤坂区新坂町の木戸を訪ねようと思い、電話をしたのであろう。午前何時だったのか。木戸はすでに出勤したと告げられたのではないか。どうしたらよいのだろうかと考え、木戸の弟の和田小六に相談しようと思い、兄と同じく新坂町に住む和田に電話をかけたのであろう。幸いなことに和田は家にいて、高木の話を聞き、その書簡を兄の執務室まで自分が届けると言ってくれたのではないか[85]。

午前十時、吹上御所の東南にある、高く聳える赤松の老樹に囲まれた賢所で神嘗祭の祭儀があり、木戸はこれに参列した。

天皇が収穫した新穀の由起《ゆき》の大御饌《おおみけ》を伊勢神宮に奉ることになっているが、賢所は伊勢神宮の代宮の資格を持っていることから、賢所での天皇の親祭となっている。天皇は賢所に設けた御座につき、西南の方向にあたる伊勢神宮を遥拝し、そのあと賢所の大前に進み、玉串をささげて拝礼し、告文を奏した。

重臣会議は午後一時からの予定だ。木戸は高木の書簡に目を通す時間的余裕はあったであろうが、近衛に続投を求めるつもりはなかった。なによりも、「乾坤一擲の打開策」に取り組むことにかれは反対だった。アメリカに「国策の変動・軍部強大等の疑念を抱かしむる」ことなどなんのおかまいもなく、陸軍大臣の東条英機をつぎの首相にしようと決めていた。

高木八尺以外に、木戸に向かって、軍人内閣は絶対につくってはいけない、ほかに適任者はいないのだから、第四次近衛内閣とすべきだと説いた者はいなかったのであろうか。

中国撤兵の問題をめぐって近衛と東条が対立し、閣内不統一から近衛が総辞職しようとしていると枢密顧問官の伊沢多喜男が知って、かれは近衛に向かって、退くな、陸軍大臣を事務管理にしろと助言したことは前に記した[86]。

伊沢が近衛に勧めた陸軍大臣の事務管理のことは、前に説明しなかった。こういうことだ。内閣官制第九条の規定により、ある大臣に故障のある場合、ほかの大臣が臨時事務管理を命じられることがある。臨時事務管理とは仰々しい言い方だが、臨時代理というのと変わりない。

大正十年に原敬内閣の海軍大臣、加藤友三郎がワシントン会議に首席全権として渡米しようとしたことがあった。その留守中、臨時海軍大臣事務管理を設け、首相の原がその地位に就こうとした。海軍は反対しなかったが、陸軍が激しく反対し、陸海軍大臣は武官専任であるという原則を崩すものだと主張した。それこそ閣内不統一となるところだったが、陸軍の場合はこのさきも文官による事務管理は認めないという条件をつけ、総理大臣による海軍大臣の事務管理に同意した。

ところが、昭和五年の浜口内閣が文官による陸軍大臣の事務管理を認めた。実際にはおこなわれることなく終わったが、陸軍大臣についても文官による事務管理を認めたことは重大な取り決めだった。

陸軍大臣が中国からの撤兵に反対し、閣内不統一が理由で近衛が辞職しようとしていると知った伊沢多喜男は、これではアメリカとの戦いになり、日本は滅びると思った。戦争を回避するためには、どんなことでもしなければならなかった。陸軍大臣の事務を首相が管理するしかなかった。内大臣の支持を得て、天皇にこれを願いでなければならないと考えた。十月十二日、伊沢は近衛が信頼する首相秘書官の高村坂彦《こうむらさかひこ》を呼び、そのようにすべきだと勧めた[87]。

それから五日あと、伊沢は近衛が退陣を表明したと聞いて、しまったと思ったはずだ。かれは木戸幸一と親しくなかった。どちらかといえば嫌っていた。近衛への大命再降下となるようにすべきだと言わなかった。

高木八尺ひとりだけでなく、伊沢多喜男、ほかに何人もが木戸幸一に向かって、軍人内閣をつくってはならないと告げていたら、はたして木戸は重臣会議で自分の主張を平然と押し通すことになったであろうか。

高木の努力はむなしく終わった[88]。かれがグルーに向かって、日本の軍部が「窮地にまで追い詰められたと感じ、成否を度外視して、絶望的に立ち上がる」恐れがあると書いた二カ月あと、ルーズベルトはまさに日本の軍部をして、高木が述べたとおり「窮地にまで追い詰められたと感じ」るようにさせ、攻撃に踏み切らせた。

それから三年六カ月あと、高木八尺は南原繁とともに、この戦いを終わらせるにはどうしたらよいかを考え、国策を大きく変えることができる地位にいると思える人たちに説いてまわることになった。

説得する中心の相手は、前に触れたとおり、そして三年六カ月前と同様、再び内大臣、木戸幸一だった。

八日前の六月一日、二人は木戸に自分たちの考えを語った。木戸が大きな啓示を得たにちがいないことは前に記した。これについてはこのさきで述べる。

第30章　ルーズベルトとグルー（六月九日）

ルーズベルトがカイロでしたこと

六月一日、高木八尺と南原繁が木戸幸一に向かって、一日も早く戦いを終わりにしなければならないと説いたことは前に記した。

それより前、四月から五月、二人が戦いをどうやって終わりにしたらいいかを考え、アメリカは日本をどう処理するつもりだろうかと語り合ったことに戻ろう。

この四月十二日に他界したルーズベルトが生前に考えたこと、かれがやったことを考究したはずである。

二人が語ったであろうこと、そして二人が語らなかったことをつぎに述べよう。

ルーズベルトは中国貿易で財をなした一族に生まれ、かれは生涯、中国に強い親近感を持っていたのだと高木は最初に語ったであろう。

ルーズベルトの父方の家は二百年以上つづく上層階級、ニューヨーク州ハドソン河畔の大地主、大金持ちだった。母方のデラノ家も古くからの上流階級であることを誇りにしていた。マサチューセッツの捕鯨船の船長の家系であり、中国貿易をおこなうラッセル商会の最初の六人の共同経営者の一員となった。

ラッセル商会はジャーディン・マセソンやデントといった英国系の商会とともに、一八三〇年代には広州で、一八四一年からは英国が占領した香港で、中国を相手に貿易をおこなった。ジャーディンやデントと同様、ラッセル商会もインド産阿片を中国に売った。その儲けがどれほど大きかったかは、ジャーディンの二人の共同経営者が英国内で土地を買いすすめ、英国最大の地主十人のなかに入ったことからも想像がつこう。デラノ家も大資産家となった。

ラッセル商会が中国から輸入したのは茶だった。ラッセル商会の阿片につづく輸出品は清朝官吏のステイタス・シンボルとなる高価なラッコの毛皮だった。ラッコの毛皮はアラスカの土民から鉄砲やジンとの物々交換で安く仕入れた。クリッパー船隊を持つようになったラッセル商会は、同じ一八四〇年代には新しく開港した上海に進出し、中国最初の電信業務を手がけ、分解した川蒸気船をニューヨークから上海まで運び、揚子江の水運を独占することになった。

こうして、デラノ家の二代目、三代目とかれらの親戚の若者たちは香港、上海、その他の条約港で暮らすようになった。かれらの一人ひとりはそれほど長く中国沿岸の港町に留まることはなかったが、ルーズベルトの姉のひとりのように、香港の高級住宅地に三十五年を過ごした者もいた。

こうしたわけで、ルーズベルトは子供のときから中国の絵画や工芸品、家具に馴染み、中国の龍の切手を集め、政府の責任あるポストに就いてからは中国の出来事に関心を持つようになった。(1)

付け加えておけば、日本が開国して、ジャーディン・マセソン商会とデント商会はただちに横浜に進出したが、ラッセル商会は横浜に店を開かなかった。もっとも、以前にラッセル商会の店員だったトーマス・ウォルシュとジョン・ウォルシュの兄弟が横浜に商会を開いたことを記しておこう。「亜米《あめ》一《いち》」の名前で有名なこの商会は三菱の岩崎弥太郎に何回も商船購入資金を貸したことがあった。のちにウォルシュ兄弟が神戸につくった製紙会社が行きづまったときに、三菱がこれを引き取った。これが現在の三菱製紙[2]である。

もうひとつ、付け加えねばならないだろう。前に語り、このあとでも述べることになるが、現在、国務次官であり、事実上、国務長官の代理であるジョゼフ・グルーのことだ。かれの父は銀行家であり、毛織物商だったが、父の兄はラッセル商会の共同経営者のひとりだった。少年時代のジョゼフの夢はヘンリー伯父さんのクリッパー船に乗り、中国に行くことだった。かれは東部沿岸の名門子弟が入る有名な私立寄宿学校グロトンに入学するが、ルーズベルトもこの学校で学んだ。二期後輩だった。

高木八尺はこうした話を南原繁に語ったあと、つぎのように述懐したにちがいない。

「ラッセル商会の大金持ちの株主の子弟たちは当然ながら中国びいきだ。ところが、そのうちのひとりが日本駐在大使になったことは、この哀れな日本にとってせめてもの幸運だったのではないかな」

さて、ここからは高木が知らないことを述べよう。

ルーズベルトは友人やホワイトハウスのスタッフに向かって、南北戦争以前に富を築いたアメリカでもっとも古い一族の折り紙つきの歴史を誇らしげに語りだせば、父方よりも、母方の家のことを話題にすることが多かった。ルーズベルトの母方の家が中国で大儲けをした資産家であることはすでに語った。

かれは感傷的になると中国の話をし、中国の話をすればいっそう感傷的になった。かれは中国とその国民に親近感と同情を抱いてきた所以を説き、日本に対抗して中国に味方をする自分の強い感情を語った。

一九四三年だから昭和十八年のことになる。その年の十一月、ルーズベルトはピラミッドの見えるカイロのアメリカ大使の別荘にいた。夜遅くまで、かれは部下たちに広州から香港でタイパンの敬称で呼ばれた祖父のことを話し、上海、九江までのデラノ家の活動を語り、中国への愛情を述べ、最後にかれの願いである中国大国化の話をして語りやむことがなかった。

そのときルーズベルトはギルバート諸島のタラワとマキンの勝利のニュースに喜んでいた。かれはその昔に海軍次官をやり、海軍をわが家だと思っていたから、いよいよはじまったアメリカ大海軍の本格的な反攻はだれよりも嬉しかったのである。

そして、かれは中国の指導者をはじめて大国首脳の参加する会談に招き、蔣介石を大国中国の元首として全世界に認知させるのだと思い、かれがずっと考えてきたとおり、日本に代わって中国をアジアの大国、世界の大国にしようとする構想がいよいよ実現するのだと興奮を抑えきれないでいた。

だが、ルーズベルトがお膳立てしたお披露目の次第はかれの思いどおりに運ばなかった。スターリンは蔣介石を交えての会談に出席しようとせず、蔣もスターリンと顔を合わせるのを嫌がった。カイロの会談は四大国の指導者が並ぶことにならなかった。

ルーズベルトがマキンとタラワを攻略したと意気揚々と語っても、蔣からは冷たい反応を受けただけだった。蔣は中国からはるかに遠い中部太平洋の珊瑚礁の島を占領したことなどになんの関心もなく、自分の統制下にある三百万の軍隊にアメリカが機関銃を供給し、野砲を供与してくれることだけを望んだ。アメリカの援助が、ソ連にたいする軍需品援助の十分の一、十五分の一にすぎないことに、蔣は我慢ならなかった。

ルーズベルトは蔣のために軍需品補給路を再開すると約束することになった。ビルマでの戦いをする、その手始めとして、二カ月後にはビルマ進攻への跳躍台として、ベンガル湾のアンダマン諸島に海空作戦をおこない、これらの島を攻略すると約束してしまった。

アンダマン諸島作戦は英国の反対で放棄されることになるが、それはさておき、ルーズベルトはカイロで中国大国化の計画を推し進めた。

日本に奪われた全領土の回復を蔣に約束したばかりか、琉球を自国領土として取り戻さないかと問いかけた。ルーズベルトは日本が占領している英国領の香港、インドシナの宗主権も中国に与えようと考えていたから、インドシナを欲しいかと蔣に尋ねた。

蔣との会談を終えて、ルーズベルトとチャーチルはテヘランに飛び、スターリンと会談した。ルーズベルトはスターリンに向かって、すでに何回も口にしてきた自分の目論見を語った。ドイツと日本の敗北後の国際組織の構想を説き、アメリカとソ連と英国、さらに中国を加え、この「四人の警察官《シエリフ》」が世界の平和を維持するという計画を語った。

スターリンは中国を大国として認めることに乗り気ではなかったが、はっきりと反対はしなかった。チャーチルも中国を大国とする計画になんの興味も示さなかったが、これまた反対はしなかった。こうしてルーズベルトが思い描く、戦後世界を四カ国で支配するという計画はソ連と英国の認知を得た。

テヘランで、スターリンがルーズベルトに、対日参戦を約束したことを付け加えておこう。

さて、ルーズベルトはペルリ提督遠征のときの領域に戻してしまう日本をどのようにするつもりだったのか。

カイロで中国大国化計画をお披露目する一カ月前のことだった。国務省政治顧問のスタンレー・ホーンベックがワシントン駐在の中国大使、顧維鈞《こいきん》に向かって、天皇を排除した場合に日本はどうなるか、それにどう対応するかについて、英国の見方なるものを語った。

「将来、四つの島の日本は孤立して生きていくことになる。安定しようと無政府状態になろうと世界とはなんの関係もない[3]」

これはホーンベックの考えでもあったはずだ。かれは根っからの中国びいきだった。かれが六年間、中国の大学で教鞭をとったことは前に述べたことがある。第一次世界大戦のあとのパリ講和会議に出席し、山東問題が日本に有利に解決されないように手を回したのがかれだった。一九二八年、昭和三年から十六年にわたってアメリカ国務省極東部を牛耳り、顧維鈞や外交部長の宋子《そうし》文《ぶん》、さらには孔祥熙《こうしょうき》が望むことを主張してきた。

付け加えるなら、蔣介石はワシントンの駐在大使に対米外交を任せることなく、かれの一族の二人の実力者、宋子文と財政部長の孔祥熙、そのどちらかをつねにワシントンにとどまるようにさせ、ロビー活動をつづけさせてきていた。ルーズベルトの分身、ハリー・ホプキンズを取り込むことに成功したのが、宋と孔の最大の手柄だった。

日本が「安定しようと無政府状態になろうと世界とはなんの関係もない」といったホーンベックの考えは、ルーズベルトが考えるところでもあったはずであり、さらに付け加えるなら、ホプキンズの考えでもあったはずだった。

天皇を排除し、爆撃機と戦艦、潜水艦を持たないようにさせた日本が、応仁の乱や戦国時代のような終わりのない抗争と混乱をつづけることになるのなら、それはそれでかまわない、中国が明帝国の安定と繁栄を維持することができれば、太平洋は平穏だということだった。

敗戦後の日本のことなどどうでもよいとして、ほんとうに中国は明帝国になることができるのか。

カイロ会談の四カ月ほど前のことだった。ルーズベルトは宋子文につぎのように語った。

「日本は大国となるのに、開国してから日露戦争で勝利を収めるまで二十五年かかった。中国人は日本人よりはるかに賢い。日本人は物真似ができるだけだ。だが、中国が大国となるためには、その発展を加速するためになにかをしなければならない」

なにかをしなければならないとは、日本の工業設備を上海、広東、天津に移すことだった。カイロで、ルーズベルトは蔣と賠償問題についても語り合い、日本から賠償を取ることの支持と全面的な支援を約束した。

ルーズベルトは口にはださなかったが、日本の鉄鋼工場、造船所、発電設備、自動車工場、アルミナとマグネシウム工場、石油精製工場のすべてを賠償として中国に与えようと考えていたのであろう。

さて、これが一九四三年、昭和十八年に中国派の総帥であり、もちろんアメリカ大統領であるルーズベルトが思い描いていた戦後の極東の構図だった。

日本派、グルーの登場

市谷台と政府首脳を脅かしたカイロ宣言が昭和十八年十二月一日に発表されてから五カ月あと、昨年の五月一日、おかしなことが起きた。前にも述べたことだが(4)、その年一月に新設された極東問題局の局長になったばかりのホーンベックが四カ月足らずで更迭され、グルーが後任となった。

昭和十六年七月の日本にたいする全面的な経済封鎖の強力な推進者、その年九月の近衛・ルーズベルト会談の頑強な反対者が国務省極東部門から消えた。あろうことか、ホーンベックは昨年九月にオランダ大使に任命された。放りだされたも同じことだった。オランダはロンドンに亡命政府をかまえているにすぎなかった(5)。

かつてはルーズベルトが存分に利用した国務省きっての対日強硬派に冷飯を食わせることにしたのは、状況が大きく変わったのだと日本側に知らせようとしてのことではないかと、外務省の幹部は首をかしげながらも語り合ったにちがいなかった。

そして、グルーはといえば、かれが東京時代にもっとも信頼していた参事官のユージン・ドーマンを特別補佐官に、一等書記官のアール・ディックォーヴァを日本課長に、商務官のフランク・ウィリアムスを日本課の課員とし、秘書のロバート・フィアリーも

「極東に関する部局間地域委員会」に加えた。戦後の極東政策を立案するその委員会は、グルーが主管し、ドーマン、その他、グルーの部下のすべてが顔を並べた。

これも前に述べたことを繰り返すことになるが、⑥グルーは極東問題局長となって二週間あと、「テン・イヤーズ・イン・ジャパン」、滞日十年と題する著書を刊行した。なんとも手回しのよいことであったが、かれの極東問題局長就任とは関係なくまとめてあったものだ。ほんとうに手回しがよかったのは、その本が書店に並んだのと同じとき、アメリカ全土の新聞に好意的な書評を一斉にださせたことだった。

リスボン、ストックホルム、ベルンの日本公使館では、館員はもちろんのこと、同盟通信社の特派員、仕事のない横浜正金銀行の行員や三井物産の社員も手伝って、グルーの新著とその書評を読み、翻訳に懸命となった。

当然ながら外務省の省員から政務局長、次官、大臣まで、リスボン、ストックホルムから送られてきた電報に目を通したであろう。原本を送るように手をつくせと在外公館に命じたにちがいない。

グルーの主張の中身はもちろん重要であったが、外務省省員がもうひとつ注目したのはグルーの名前である。

いうまでもなく、グルーは昭和七年から昭和十七年まで十年間にわたって日本にいたから、かれを知るのは外務省の幹部だけではなかった。皇族、宮内大臣から重臣、枢密院顧問官、財界人、言葉を換えるなら、東京倶楽部や日本倶楽部の会員たち、そしてかれらだけでなく、多くの市民がかれの名を記憶していた。

グルー夫人の大伯父がペルリ提督だとグルーから聞かされ、驚いた貴族院議員がいたし、赤坂の大使館のグルーの執務室の机に飾られていた写真が松平恒雄と夫人、子供たちであるのにびっくりした実業家がいた。軽井沢の細い道で行き会った初老の外国人に優雅な身のこなしで道を譲られ、あとでグルー大使と知って感激した若い女性がいた。川奈のゴルフ場、小金井のゴルフ場でクラブを振る長身の偉丈夫を見て、あれがアメリカ大使なのかとうなずいた人がいたし、日米関係が悪化するさなか、日米協会でのかれの日本への忠告に耳を傾けた人もいた。

かれの名前にはブランド・イメージがあった。そのイメージはクレディビリティ、信頼性だった。かれこそが日米戦争を是が非でも避けようとしたアメリカ人だった。その信頼するに足る人物の著書が「滞日十年」だった。

著書のなかで「日本を完膚なきまでに破らねばならぬ」とグルーが説いているのは枕詞にすぎず、かれが強調しているのはべつのことだった。グルーは日本にいた十年間の日記から拾いだし、武断的な日本軍部とはべつに、天皇を中心とする穏健派が存在することを繰り返し主張していた。

グルーは日本にたいする降伏条件を緩和しようと意図している、そして、ルーズベルトはそれに反対していないのだと外務省の政務局長や次官は考えた。

グルーの本がアメリカで公刊されて三十五日あとの六月十九日、連合艦隊は決戦に敗れ、その十日あとには、内大臣が秘書官長、宮内大臣とはじめて戦争終結の問題を論議することになり、その九日あとには、近衛がいよいよとなれば天皇の退位を考えねばならないと内大臣に説き、さらにその十日あとには東条内閣の退陣となり、内大臣をはじめ少なからずの人がこの戦争はどのようにして終わるかが想像できるようになったときだった。

重光葵は今年の四月まで外務大臣だった。かれはグルーの「滞日十年」そのものか、その梗概をイの一番に読んだはずであった。アメリカの各新聞に載った書評も読み、グルーを敵視するアメリカ国内の新聞の論説委員、研究者、評論家、さらには国会議員の批判、中傷も調べたであろうから、グルーの考え、かれの意図をよりしっかり理解したはずである。かれは間違いなく天皇に向かって、アメリカの対日政策に新たな息吹があると言上し、内大臣にも同じ説明をしたはずだ。

そして前にも記したとおり、この知らせは、内大臣にとって、天皇にとって、焼けつくような太陽のもと、喉をうるおす一杯の水となったのは間違いないところであった。だが、重光は日記にグルーの登場とかれがやろうとすることの予測をなにも記さなかったし、木戸幸一も日記になにも書かなかった。

天羽《あもう》英二は外務省出身、情報部長、次官をやったことがあり、昨年七月下旬まで情報局総裁だった。外務省の幹部とつねに会い、外務省顧問会議にも出席していた。情報局を辞めたあとも、外務省との関係は密接である。「滞日十年」のことは外務省のだれかから聞いたはずである。読むようにと勧められなかったのか。その読書評を記し、アメリカの対日政策はどう変わるのであろうと日記に書かないまでも、「『滞日十年』読了せり」とだけ記しても不思議はなかった。だが、かれはなにも書かなかった。

グルーの著書の要約が印刷され、配布されたのだろうと前に述べたが、その数はごくごく限られ、天羽の手には届かなかったようだ。

矢部貞治も「滞日十年」を読んでいない。前に記したが、かれは東京帝大法学部の教授である。

昨年七月の下旬から、かれはアメリカで出版された本を何冊か読む機会があった。ウォルター・リップマン、パール・バック、ウェンデル・ウィルキーの著書である。(7) 外務省に勤める友人の湯川盛夫からでも渡されたのであろう。研究資料にしてくれ、読んだら感想を聞かせてほしいと言われたにちがいない。湯川は政務局二課長だ。

それとも大東亜省に勤務する山田久就《ひさなり》からであったか。矢部は大東亜省の嘱託をしている。山田は大東亜省総務局総務課長である。

ウィルキーの本は「ひとつの世界」だ。ウィルキーは日米戦争がはじまる前年、昭和十五年に共和党から大統領候補として出馬したが、ルーズベルトに敗れた。一九四二年だから昭和十七年のことになるが、かれはルーズベルトの求めに応じ、特使として連合国を歴訪する親善旅行にでた。四十九日間、五万キロの飛行旅行だった。ロンメルの戦車部隊の進撃がつづき、エジプトの英国軍はパレスチナのハイファに撤退するという噂が飛び交っているカイロに行き、モスクワではスターリンと会談して、衒《てら》いや気取りのない素朴な性格の人物だという印象を抱き、重慶では六日間にわたって蔣介石と会話を交わし、物静かで、学者肌の人物だと思い(8)、西安の近くの黄河の日本軍と対峙する前線まで行った(9)。かれがその翌年にその旅行の印象をまとめて出版したのが「ひとつの世界」である。本の表紙カバーの袖には、かれとスターリン、かれと蔣介石が談笑する写真を載せていた。そして、その本は百万部を売る大ベストセラーとなった。

かれが中国にいるあいだじゅう付き添ってくれたのが第八戦区司令長官の朱紹良《しゅしょうりょう》だった。朱の微笑は「中国にはアメリカの友人がいっぱいいる、客を厚くもてなす心温かい国」と思わせるものがあるとウィルキーは記した。

矢部は知っているのかどうか、ウィルキーは昨年十月に急死した。五十二歳だった。

リップマンの本は二冊だった。一九四三年発刊の「アメリカ外交」とその続編といってよい昨年刊行の「アメリカの戦争目的」である。

矢部貞治が新書判の大きさの「アメリカ外交」を手にして、ずいぶんと刷ったようだなと言ったとすれば、湯川か山田が答えて、五十万部売れたという、これは二十五セントの廉価版だ、軍隊向けのようだと語ったにちがいない。さらに、矢部が「アメリカの戦争目的」の扉をひろげ、出版されたばかりの本ではないかと驚いて言ったとしたら、七月にでた、シベリア鉄道経由だ、外交行嚢《こうのう》だと答えが返ってきたであろう。

ウォルター・リップマンはアメリカの指導的な言論人だ。かれが新聞に載せるコラムは一紙だけではない。アメリカ全土の百紙が掲載する。国務省、議会、大学、新聞界の多くの人たちから一般国民、そしてアメリカの動きに注意を払う外国人までが毎朝、かれのコラム、かれが言うところの「署名社説」を読んで、その考えを自分のものとし、そのとおりだと思い、あるいは腹を立てることにもなる。

間違いなく、かれはアメリカの代表的な世論形成家である。アメリカが戦争に参加して以降、かれは一九四二年に英国を訪ね、昨年はフランスを訪問した。チャーチル、ドゴールからアメリカを代表する特使のように迎えられた。五十五歳になる。

矢部がリップマンとウィルキーの本を読んで関心を持ったことは、アメリカの勝利を当然なことと思っている点で二人は一致していても、戦後世界の眺望がまったく異なることであったにちがいない。

ウィルキーは「世界中のどこでも、何百万、何千万という人びとが、まるで同じ町に住んでいるかのように、同じ理想を共有している」と述べた。シベリアのヤクーツク共和国の指導者はカリフォルニアの不動産業セールスマンと同じように仕事好きだといった話を繰り返し、アメリカとソ連には数多くの共通点があるのだと説き、ソ連と永遠の友情を結ぶことができるのだと言い、世界はひとつなのだと主張し、戦後の平和は国際組織を創設することによって維持できるのだと主張した。

リップマンの考えはちがった。

かつてのかれは熱烈なウィルソン的理想主義者だった。ウィルソンの十四箇条をつくったのはかれだった。だが、かれとほかの人たちが思い描いた理念は実現されないか、短命に終わった。一九二〇年代のアメリカは孤立主義に立てこもり、自閉症の国となった。

リップマンは現実主義的な政策路線の唱導者に変わった。そして第二次大戦がはじまり、戦いの行く先がはっきりわかるようになって、政治家、学者、評論家は戦後の平和をいかにして維持するかという問題を考えるようになった。リップマンもまた、さきにあげた二冊の本を公刊したのだった。かれはウィルキー流の世界連邦構想に反対し、願望的な国際主義を斥けた。抽象的な憲章や規約によって戦後の連合国の平和が維持できるなどとは、かれは信じなかった。

かれが二冊の著書のなかで説いているのは大国間の協調である。同盟関係といくつかの地域共同体の上に世界の秩序は維持できる。安全保障は力に依拠しなければならないという古典的な考えを述べている。

そして、矢部が注目したのは、「大西洋共同体」「ソ連勢力圏」が構築され、もうひとつ、中国がアメリカの積極的援助によって、やがてはひとつの勢力圏を形成する大国となるといったくだり(10)であったろう。

矢部はどう考えたのであろう。

そして、かれがさらにもう一冊、グルーの著書を読んだのであれば、その本の内容がアメリカの対外政策全般を論じたものではなく、日本に限定され、かれの日本在任の十年間、開戦、そして抑留されるまでの日記の抜粋を掲げ、日本の二つに分かれる政治勢力を描きだし、日本にたいして採るべき戦略、ビジョンを明確にしたものであることを知ったであろう。

矢部は考え込み、グルーはウィルキーの楽観的な明日の「ひとつの世界」を夢物語だと否定すると思ったはずである。では、リップマンが思い描くような極東に中国の勢力圏をつくることができると考えるのか、いや、国務省切っての「現実主義者」を自認するグルーはリップマンとは異なる見通しを描いているのではないかと矢部は思いに沈んだのではないか。

ところで、湯川盛夫や山田久就はウィルキー、リップマン、グルーの著書を読んでいたのであれば、かれらは矢部に向かって、グルーへの期待を滲ませつつ、かれはどのように戦後の極東を考えているのかと尋ねても不思議はなかった。だが、矢部は「滞日十年」を湯川からも山田からも借りることはなかったのである。

衆議院議員であり、前に外務省に勤務した経歴を持つ芦田均は、一九四二年だから、昭和十七年に刊行されたグルーの「東京からの報告」を読んだだけだった。日本の軍部を激しく非難した内容であり、対日降伏条件の緩和を示唆する箇所はその著書にはなかった。勉強家の芦田は丁寧な書評を日記に記し、その最初につぎのように書いた。「通読しての印象は日本近代文明の批判として最も辛辣なものたるを失わない。日本の識者には是非一読を奨めたい冊子であるということだ[11]」

芦田がそれを読んだのは昨年十月下旬だった。「滞日十年」が公刊されてすでに五カ月がたっていた。外務省の政務局にいたであろう芦田の友人はかれに向かって、いまさら「東京からの報告」を読むほどのことはあるまいと言い、「滞日十年」か、その梗概を記した文書を手渡さなかったのはなぜだったのであろう。その主要な箇所を教えなかったのはどうしてだったのであろう。

どうして矢部貞治は外務省の友人からウォルター・リップマン、パール・バック、ウェンデル・ウィルキーの著書を受け取っただけだったのか。

なぜ天羽英二は「滞日十年」を読まなかったのか。

だれかがグルーの著書の取り扱いに注意するようにと外務省の幹部に言っていたので

あろう。そんな警告をしたのは陸軍省軍務局をおいてほかにない。軍務局が外務省と情報局、内務省にグルーの新著、その梗概、関係ニュースの回覧、配布は禁止してくれと申し入れ、つぎのように言ったのではないか。

グルーの最初の著書のように陸軍を非難攻撃するだけのものであればまだ我慢できるが、グルーの今回の著書はまさしくアメリカが新たに仕掛けてきた「軍民離間」[12]の陰謀だ。この新著は皇室は穏健勢力の中心だと言い、軍部を好戦主義者、戦争屋だと宣伝している。皇室と陸軍とのあいだに楔を打ち込み、日本を自壊に追い込もうとする狡猾、悪辣な、新たな謀略だ。

陸軍省軍務局の軍務課長はこのように説き、この著書の中身が噂にのぼるようなことがあれば、すべての関係者を容赦なく摘発すると威圧したのではないか。

こうして、グルーの登場とともに公表されたかれの著書は、たとえば清沢洌、高木八尺、矢部貞治のように当然知らなければいけない人が知らず、知っている人は完全な沈黙のなかに沈むことになったのである。

だが、陸軍が恐れたとおり、秘密を保持できず、グルーに期待をかける人がでてきた。陸軍の幹部はアメリカが仕掛けてきた巧妙な離間工作に切歯《せっし》扼腕《やくわん》したが、海軍幹部の反応はちがった。

半年前、昨年十一月十七日のことだった。細川護貞《もりさだ》はその日の日記につぎのように記した。

「松平内大臣秘書官長の話にては、海軍は何か朗報ありと言い居るも、戦況には非ずと。想像には、グルーがニミッツに逢いに来て居ることと関係あるやもしれずと」[13]

これだけではなんのことか見当がつかない。なにが「朗報」だったのか。

チェスター・ニミッツはアメリカの太平洋艦隊と太平洋方面軍の司令長官だ。昨年十二月十五日にマッカーサー、アイゼンハワーとともに元帥に昇進した。ニミッツは今年の一月からグアム島の司令部に移ったが、昨年までは真珠湾のマカラパにいた。グルーはワシントンから真珠湾に飛び、ニミッツと会談したというのだ。

内大臣秘書官長、松平康昌はどのように考えて、海軍がグルーとニミッツの会談を「朗報」と思ったと想像したのであろう。

間違いのない事実は、松平、そしてかれと話し合った海軍軍人は、双方ともがグルーが「滞日十年」を刊行したこと、グルーがそのなかで言おうとしていることを承知していたということだ。そこでかれらはグルーが真珠湾を訪ねると知って、つぎのように考えたのである。

グルーが国務省の事実上の責任者、なによりも極東部門の最高責任者となって最初にやるもっとも重要なことは、陸海軍の首脳を説得し、日本にたいする降伏条件の緩和を政府と軍の総意とすることにちがいない。そこで極東問題局長から新しく国務次官になったグルーは太平洋方面軍司令長官と会談するために、わざわざ真珠湾まで行ったのだ。赤煉瓦のだれかがこんな具合に推定して、これは「朗報」だと言ったのではないか。

細川護貞はグルーの「滞日十年」を読んだと日記に書いたことはなかった。近衛文麿はどうであったろう。首相時代の自分についての好意的な記述が数多くあり、かれとグルーとのあいだの一九四一年十月十七日付の往復書簡が載っている[14]その本を間違いなく外務省のだれからか受け取ったはずである。かれは細川にはこの本のことをなにも語らなかったのかもしれない。だが、細川はグルーがどのような主張をしているかははっきり承知していた。

「滞日十年」が公刊される前のことになるが、昨年の二月、かれは外務大臣官邸で敵が飛行機から撒いたビラを見せてもらったことがある。インドの基地から飛んできたB17がバンコクに散布した日本語のビラであり、「軍陣新聞」という題字が付けてあった。その新聞には、グルー前大使の演説を引用して「この戦争は日本の国民も、否、御上も欲せられ給わざりし戦争にて、唯陸軍及び戦争挑発者が仕組みたる戦争なり[15]」と書かれていた。

さらに細川は説明を受け、グルーが国内向けのラジオ演説で、「わが国において私は日本人のために弁護する最後の人間である」と語ったことがあるという話も聞いたはずだ。そんなことから細川は、グルーが国務次官になったと知ったとき、かれの考えがアメリカ政府の対日政策に大きな影響を与えることになると理解したはずであった。

そこで細川は松平康昌が推測したところの海軍の「朗報」の中身はグルーとニミッツの会談だと聞いて、うなずいたのであろう。

ところで、グルーが真珠湾を訪ねたことを海軍の幹部が知ったのは、当然ながら外電を読んでのことだったのであろう。だが、その外電は正確には、グルーは数日中に国務次官に昇格する、新国務次官の最初の仕事は真珠湾に飛び、太平洋艦隊司令長官と会談することだといったものではなかったのか。

説明しよう。

ハルは病気を理由に国務長官を辞任した。かれはカサブランカ、カイロ、テヘランの会議に参加できず、ワシントンで開かれたチャーチルとの会談にも加えられず、大統領が主宰するホワイトハウスの会議にも呼ばれなくなって辞任したのだった。ハルの性格を語って、虚栄心が強く、気が短いとはだれもが言うところであったが、このように大統領にまったく無視されては、辞めて当然だった。

ルーズベルトは後任にエドワード・ステティニアスを選び、つづいて国務次官に極東問題局長だったグルーを任命した。これが昨年十一月のことだった。ところが、上院がグルーの登用を承認しなかった。外交委員会に差し戻され、公聴会が開かれた。

上院議員のなかにグルーを批判する者がいて、グルーは敵に宥和的だ、天皇と取り引きをしようとしていると非難した。グルー指名に反対した議員はいずれも金持ち嫌いのニューディール派、要するにルーズベルトの子分たちだった。ボストンの名家の生まれのグルーはアメリカ東部の金持ちの代表と見られ、まずはそのことで民主党議員に嫌われたのである。結局はホワイトハウスからこれらの議員に圧力がかかり、グルーの任命は正式に決まった。

ここでグルーと新国務長官の関係について述べておこう。ステティニアスは極東の問題にはなんの関心も持たなかった。かれが国務長官になる以前のことであるが、ある日の会議にステティニアスが二十分ほど遅れて参加したことがある。会議が終わったあと、部下に向かって小声で「タイワンはどこにあるの」と尋ねた。会議ではつぎの進攻目標をフィリピンにすると主張する陸軍と、台湾にすると頑張る海軍との争いがつづいていたのである。[16] こうしたわけで、かれは日本や中国の問題はすべてグルーに任せることになったのである。

グルーは国務次官になるのが遅れたことから、実際にかれが真珠湾に行ったのは昨年十二月の末だった。

公にはされなかったから、日本側は知るよしもなかったが、真珠湾でグルーはニミッツにつぎのように述べた。日本の降伏のあと、日本の占領地域が無秩序になるのを防ぐためにも、そして一日も早く和平を招来するためにも、天皇が重要になる。グルーがこのように主張したのにたいし、ニミッツは賛成し、同じ考えだと言った。グルーは喜んでワシントンに戻り、ステティニアスにこれを報告したのである[17]。

松平康昌、そしてかれが赤煉瓦のだれと話したのかはわからないが、グルーがニミッツと会談するとの情報を得ただけで、これは「朗報」だ、アメリカ側は日本の君主政体の維持を認めるのではないか、大きな譲歩をするのではないかと推測したのであれば、まさしくグルーが考えていたこと、やろうとしていることを言い当てていたのである。

ついでに、ひとりの陸軍上級軍人の反応を見ておこう。緒方竹虎はこの四月はじめまで情報局総裁だった。昨年十二月二十五日のことだった。緒方は東久邇宮に会った。東久邇宮はその日の日記に緒方が語ったことをつぎのように記した。

「アメリカでは、元駐日大使グルーを国務大《（ママ）》臣に任命したが、これは注目すべきことで、将来わが国内に対して、各種の方法で、和平攻勢をとるのではないか、と思われる。しかし、わが国民は目下のところ、重慶との和平には納得するが、アメリカとの和平には賛成しないだろう[18]」

緒方竹虎はグルーの真珠湾行きを知っていたのかもしれない。だが、そのとき緒方と東久邇宮が大きな期待をかけていたのは、繆斌を日本に招き、重慶と和平交渉を開始することだった[19]。それでもグルーが日本との和平の条件を緩和するかもしれないという見通しは、かれらをほっとさせたにちがいない。

もうひとつ、グルーが語ったことに興味を持った人を挙げよう。

緒方竹虎が東久邇宮に向かって、グルーが対日和平攻勢をかけてくるのではないかと語った三週間ほど前の十二月二日、真崎甚三郎の世田谷の家に橋本徹馬が訪ねてきた。それを真崎に語った。橋本はグルーの著書か、かれの議会での証言を承知していたようであった。

橋本徹馬については前に述べた。昭和十五年末にアメリカに行き、国務省の幹部に日米和平を説き、帰国して憲兵隊に拘留された。政界の裾野にいる一匹狼だ。

真崎甚三郎は昭和十一年二月の反乱事件のあとに逮捕された陸軍軍人のなかで最高位の軍人である。無罪にはなったが、陸軍の実権派からもっとも遠いところにいる陸軍大将ということで、政府と軍に批判的な、野党的な人びとの中心となっている。現在、六十八歳になる。

かれは詳細に日記をつける習慣がある。その日の日誌につぎのように綴った。

「橋本九時に来訪、先般グルーが日本に呼びかけし内容の一部を漏らして之に対し日本より斯く答えては如何との案を示せしが穏当至当のことなりし。グルーは戦の勝敗は既に決せり、日本は今や講和の時機なり、米国は他国に対し自由を拘束する意は国民性として之なきこと等なり。之に対し日本に降参なきことはグルーの知る処、但し日米は相互に反省して平和に帰することに就いては考慮の余地ありとの意を現すことなりし」(20)

グルーの新しい著書を外務省出身の衆議院議員の芦田均が知ることなく、東大教授の矢部貞治が知らなかったらしいのとは反対に、緒方竹虎はこの著書のことを承知し、松平康昌は目を通し、橋本徹馬も知った。そして、かれらの話を聞いて、細川護貞、東久邇宮、真崎甚三郎もこの著書を知った。当然ながら、細川らはほかの人にそれを喋ったはずである。

前に記したとおり、陸軍省軍務局は外務省、情報局、内務省にたいして、グルーの新しい著書の管理を厳しくし、グルーの発言の取り扱いに細心の注意を払ってほしいと言ったはずだが、見てきたとおり、少なからずの人がグルーの説いていることを知るようになっている。

ルーズベルトはなぜ考えを変えたのか

高木八尺はグルーの昨年の著作は読まなかったかもしれない。だが、いくつかの情報を外務省に勤務する教え子から入手して、グルーの考えを知り、グルーに敵対する勢力の主張も知ることになったのであろう。高木は南原繁にそうした話をしたことであろう。

ところで、高木と南原が疑問に思ったことがあるはずだ。

アメリカの統治システムにおいて、外交政策を決めるのは大統領である。中国派の総帥のルーズベルトがまったく無視してもよい存在の日本派の首領のグルーを極東問題局

長とし、さらに国務次官にしたのはなぜなのであろう。(21)

もういちど前に戻ってみよう。

前に記したように、一昨年十一月、ホーンベックは顧維鈞に向かって、「将来、四つの島の日本は孤立して生きていくことになる。安定しようと無政府状態になろうと世界とはなんの関係もない」と語った。

天皇を排除したことが原因で日本がどのように混乱しようとも、連合国はいっこうに困らないという英国人の意見を紹介することで、ホーンベックは自分の考えを述べたのである。

ここで、前に記さなかったことを語ろう。ホーンベックと顧維鈞が日本の天皇の問題を話題にしたのは、重慶の国民政府系の英字新聞に掲載され、アメリカの新聞に転載された孫科《そんか》の論文を読んでのことだったのは間違いのないところであろう。

孫科は中華民国の国父と呼ばれた孫文の長男だ。四十九歳になる。蔣介石と孫科のあいだには、初代指導者の死のあと、その跡目を実力で継いだ権力者と創設者の嫡男とのあいだに起きるお定まりの陰湿な葛藤があった。孫科は立法院の院長を十年以上つづけてきたが、どれほどの力も持っていない。中国では自前の軍隊を持たない政治指導者はしょせん半人前なのである。孫は、蔣介石とその一味と私とはちがうのだというポーズをとってきただけにすぎない。

孫科はその論文のなかで「ミカドシップ」という言葉を使った。

日本に四十年近く滞在し、東京帝大で国語学を講じ、名誉教授となった日本学者のバジル・ホール・チェンバレンが大正元年にまとめた「新しい宗教の創案」という題の英文の小冊子のなかで「ミカド　ウォーシップ」という言葉を使ったことがある。それに触発されたわけではなかろうが、昭和八年にモスクワで客死した片山潜がこれを借用した。かれはコミンテルン創立以来の執行委員だった。いわゆる「三二年テーゼ」と呼ばれたコミンテルンの綱領のなかで、天皇を「ミカド」と呼び、「ミカドシップ」の造語を使った。

孫科は「日本の身体から軍国主義の癌が除去されるとき」、「ミカドシップも除去されるべきだ」と説いた。重慶でそれを読んだ中国人がいずれもうなずく主張だった。

ホーンベックも孫科のこの提言に賛成だった。ところが、ホーンベックが更迭され、グルーがあとを継ぎ、さらにかれが国務次官に指名されて、上院の承認を求めたとき、グルーに反対する声が上がったことは前に述べた。昨年十二月、上院外交委員会の公聴会で、ペンシルベニア選出の上院議員ギューフィの質問に答え、グルーは、われわれが天皇を支持しなければ、「七千万以上の国民からなる解体した社会をこのさき長いあいだ維持、管理する負担」をわれわれが負わねばならなくなると説いた。

ルーズベルトがグルーを極東問題局長とし、さらに国務次官にした理由は明瞭だ。日本が戦国時代のような混乱をつづけることになってもいっこうにかまわない。日本は海の向こうの大陸に影響を与えることはできないのだから、中国が明帝国の安定と繁栄を維持することができさえすれば、太平洋は名前のとおり平穏だ。このようなことを言ってはいられない事態が生じたからだ。

それは日本の混乱が、明帝国沿岸を奥深く襲うことになる倭寇《わこう》のような武装集団を生みだすことになるという恐れがあってのことだったのか。

こんな下手な比喩をいつまでもつづけるのはやめよう。一昨年十二月のカイロに戻ってみよう。

そのとき、蔣介石は日本軍をビルマから駆逐して、インドから昆明《こんめい》への陸上補給路を再開することを強く望んでいた。そこで、蔣はルーズベルトに向かって、「ビルマこそがアジア全作戦の鍵だ」と力説し、つぎは華北、そして最後に満洲が戦場になるのだと主張した[22]。

だが、ルーズベルトは英国の賛成を得ることができなかった。チャーチルとかれの部下たちは強く反対した。チャーチルは、ビルマ奪取の前哨戦となるアンダマン諸島の海空作戦に使う軍需資材は地中海沿岸の上陸作戦に使うべきだと説いた。英国側にしてみれば、ビルマの奪取は「アジア全作戦の鍵」などではなく、帝国領土回復のための戦いであり、ルーズベルトと蔣が描く夢にはなんの関心もなかった。

こうして中国大陸で大作戦をおこない、大陸の日本軍を撃滅するというルーズベルトの戦略は立ち消えとなり、アメリカ空軍とアメリカ式装備をした国民政府軍が日本軍、つづいては新四軍《しんしぐん》、八路軍《はちろ》を叩きつぶすという蔣の戦争計画も日の目を見ることはなくなった。

カイロでルーズベルトが蔣にギルバート諸島を攻略したと自慢をしたとき、蔣がルーズベルトと一緒になって喜ばなかったことは前に述べた。その戦いにはじめて登場したアメリカの大艦隊は、その三カ月あと、マーシャル群島をたちまちのうちに制圧してしまい、アメリカ統合参謀本部の海軍首脳は、それこそ戦前に描きつづけた計画を実現できると自信を持った。かれらは太平洋をまっすぐ西に直進し、一年あとの一九四五年二月十五日までには、ルソンか台湾のいずれかを攻撃するという作戦計画をつくりあげた。

昨年三月十一日、かれらはルーズベルトにその計画の承認を求めた。大統領は重慶の国民政府のことが気がかりだった。「中国を戦争から脱落させせまいと決意しているので、進撃が中国に向けられているのを知ってうれしい(23)」とかれは言ったのだった。「脱落させせまい」とルーズベルトが言ったのは、日本と単独講和をするぞという蔣の脅しを警戒してのことだった。蔣は自分の主張が無視されたときに決まって言う切り口上にすぎず、本気のはずがないとルーズベルトは百も承知していたが、それでも気にしていたのである。

それから一カ月あとの四月半ば、日本軍の一号作戦がはじまった。昭和十三年の武漢作戦以来六年ぶり、それ以上の大規模な作戦が河南省で開始された。

蔣の子飼い、黄埔《こうほ》軍官学校出身であり、「中原王《ちゅうげんおう》」と呼ばれた湯恩伯《とうおんぱく》が指揮する三十四個師団の大軍が河南省を守っていた。ところが、日本軍が前進してくると聞いた途端にこの大軍団の大半の兵士たちが逃亡してしまった。省内を荒らす匪賊に変わったのである。(24)

これほどはっきりと蔣の中国の実態を明らかにした出来事はなかった。ルーズベルトはやっぱりそうだったのかと暗澹たる思いとなったにちがいない。

ルーズベルトの部下たちのなかには、蔣介石を高く買い、国民政府の支持を強調する者は当然ながらいた。ワシントンにいれば、重慶にもいた。その数も多かった。だが、中国に駐在するかれの部下たちのなかには、国民政府は腐敗している、国民の支持を失っている、それにひきかえ延安の共産勢力は安定している、このさきも成長をつづけていくという報告を送ってくる者が少なからずいた。

ルーズベルトにそんな書簡を送ってきた最初の人物はエヴァンス・カールソンだった。ルーズベルトはかれがウォームスプリングの大統領別荘の警備隊長だったときに知った。北平《ペーピン》に駐屯する海兵隊の一兵卒から昇進した苦学力行の海兵隊の軍人だった。中国語を学び、北平駐在の海軍武官補佐となり、一九三七年だから昭和十二年末に延安に潜入した。共産地域に入った最初のアメリカ人だった。ルーズベルトに個人的に報告を送ると約束していたかれは、中共軍が入手した日本軍の文書や日記、軍服を大統領に送ったばかりでなく、延安地区にこそ真の自由があると書き送った。ルーズベルトに向かって、延安を褒めた最初のアメリカ人となったのである。

ところで、日本軍の一号作戦がはじまって、ルーズベルトがまず思い浮かべたのは、カイロでスティルウェルが述べた言葉のはずだった。蔣介石をチャーチル、スターリンと並ぶ大国の代表にしようと考えてルーズベルトはカイロ会談に臨んだが、かれの心の底には不安があった。かれは宿舎でジョン・デイヴィスの報告を受け、「蔣介石は中国だという考えは誤りだ」、「中国の将来は中国共産党にかかっている」という説明を聞くことになった㉕。

そのあとのことだったにちがいない。ルーズベルトはスティルウェルに尋ねた。「蔣介石はいつまでもつと君は思う」

ジョゼフ・スティルウェルは中国・ビルマ・インド戦域のアメリカ軍部隊の司令官であり、中国戦域の参謀長だった。四半世紀前に第一号の語学将校として北京に派遣され、中国語を学んだかれは二十年近く中国に勤務し、陸軍切っての中国通だった。かれはかれの政治顧問、国務省出身のこれも中国通のジョン・デイヴィスとともにカイロに来ていた。二人はともに国民政府をどうにもこうにもしようがないと思い、延安の中共政権を高く評価していた。

ルーズベルトの問いに、スティルウェルは前年夏の日本軍による浙江省、江西省の空軍基地群の攻略をとりあげ、もういちどそのような攻撃があれば、蔣は倒されることになるかもしれないと答えたのだった[26]。

ルーズベルトはそれを聞いてから五カ月あとに河南省の蔣の第一戦区の軍団の崩壊を知った。そしてかれは、蔣が倒れるという最悪の事態にならないまでも、日本との戦いが長引けば、蔣の支配地域の経済は破綻し、政治的不安定はいっそうひどくなり、それにひきかえ、日本軍の攻撃を受けない延安の共産勢力はあらゆる面で強くなり、支配領域をひろげていき、対日戦が終わったあと、和平統一を望むことは不可能になると思ったはずだった。

日本を徹底抗戦させてはならない。できるかぎり早く降伏させなければならない。ルーズベルトはこう考えたのではないか。ルーズベルトがグルーを極東問題局長としたのは、河南省を防衛する軍団が自壊したすぐあとの昭和十九年五月一日だった。

つぎにグルーを国務次官に指名したのは、同じ昨年の十一月末だった。河南省への進攻からはじまった日本軍の一号作戦はまだつづいていた。日本軍はB29の基地だった広西省省都の桂林と柳州を十一月十日に占領し、つづいて重慶を攻略するのではないかとその臨時首都のだれもが恐れ、アメリカ外交人員をどこへ退避させるかを真剣に協議するようになったときだった。

前に述べたことを繰り返すことになるが、ルーズベルトが考えたのはつぎのようなことだ。日本との戦いがずるずると長引けば、延安の共産政権は自己の軍隊と支配領域をさらに増大することになり、毛沢東は国民党政府と戦う決意をいっそう強く固める。対日戦が終われば、もちろん蔣介石は毛沢東に向かって、服従せよと言い、従わないのなら、ただちに武力に訴えることになる。内戦がはじまり、満洲、華北における戦いは三年、四年とつづくことになる。そうなればスターリンは蔣介石の支持をやめ、共産党を支援することになり、アメリカとソ連とのあいだの対立をひきおこすことになるとルーズベルトは恐れたにちがいない。

念のために言うなら、ルーズベルトはスターリンを信頼していたし、かれの右腕のハリー・ホプキンズもまたスターリンを信用していた。ホプキンズはスターリンが自国の安全保障以外はなにも望んでいないと思い込み、ルーズベルトはホプキンズのその見方を信じたのである。

それでも二人は、中国の内戦が原因で米ソが衝突し、それが一過性の対立に終わることなく、イデオロギーを絡めた長い抗争になってしまうことを警戒したことは間違いのないところであった。

ところで、霞ケ関と市谷台には、ワシントンで立案される東アジア政策と中国の戦場とが密接に連繫していることに気づいている人はいるのであろうか。市谷台で一号作戦の計画をたて、推進した幕僚たちはどうなのであろう。

この重大な問題はこのさきで論じなければならない(27)。

さて、霞ヶ関の外務省の課長、衆議院議員、海軍省軍務局員はグルーの登場とその主張に目を向け、耳をそばだたせはしても、昨年の十二月には、どういうことだろう、これは面白いぞとうなずくだけだったのが、硫黄島が陥落し、沖縄に敵が上陸し、敵の本土空襲がつづくことになれば、そして政府の主要幹部であれば、グルーのシグナルに応えようということになる。

前に述べたことを繰り返すが、情報局総裁の下村宏、首相の鈴木貫太郎はグルーの呼びかけに答える手だてを工夫した。

五月二十六日、東京の中心部がすべて焼かれて迎えた朝のことになるが、下村宏は首相宛ての遺書を記し、牧野伸顕伯をして「宮中へ伺候《しこう》の道を開くこと」と書いた。そして昨日、六月八日に開いた御前会議のことになるが、開催に先立ち、首相の鈴木貫太郎は内大臣、陸海軍大臣に向かって、重臣を出席させたいが、東条英機を外し、牧野伸顕を加えたいと説いたのだった。

鈴木も、下村も、グルーがその本のなかで日本の穏健派の代表として牧野伸顕を高く評価していることを承知していたのである。そしてグルーが国内向けの放送で、「私は日本人のあいだに多くの友人を持ち、そのうちのある人たちを私は敬愛しています。愛国者としてかれらは戦いつづけるでしょうが、かれらはこの戦争を望まなかった」と語ったことも知っていた。そこで鈴木は本土死守を決める天皇親臨の会議に牧野を出席させ、東条を加えないことをグルーに示し、アメリカから譲歩を引き出そうと考えたのである。

だが、これまた前に見たとおり[28]、鈴木のアドバルーンは揚げられることなく終わり、下村はまだ鈴木に自分の考えを話す機会がないのではないか。

自分の考えを話す機会はなかったが、胸中にはあったのだといえば、ここで前に触れなかったことを語っておこう。今年二月、このさきどうしたらよいのかを天皇に上奏した重臣たちの念頭にあったのは、日本の将来には天皇が不可欠だとグルーが主張したことであったはずだし、五月十一日、十二日、十四日と三日間にわたって開かれた、はじめて戦争終結を討議した最高戦争指導会議で、構成員の六人は日本にとって死活的な利益を持つグルーの考えを思い浮かべたことが何回かあったにちがいなかったし、五月三十一日の首相、陸相、海相と下村宏、左《さ》近司《こんじ》政三、安井藤治《とうじ》の国務相が集まっての懇談会で、出席者は少なくとも一度はグルーのことを考えたのは間違いのないところであった。

そして、もうひとつ挙げねばならない。前にも言ったことだが、天皇、阿南惟幾、そして少なからずの人びとが「あと一回の勝利」をと述べてきたのは、敗北、降伏を考えることを先延ばしにしようとしての口実にすぎないが、その根底には、その一回の勝利がアメリカの譲歩を引き出すきっかけとなるのではないかという考えがあり、グルーへの少なからぬ期待が隠されていることを忘れてはならない。

高木八尺と南原繁の話し合いに戻ろう。

二人は、ワシントンの極東政策の変更が中国の戦場とつながっていることに気づいているのであろうか。

召集されて宇品にいる丸山眞男が東京に来る機会があったら、かれは南原にこのような推理を語ったかもしれない。サイパン、ニューデリーからの放送、同盟通信社の外電の綴りを丁寧に読み、重要事項を書き抜いてきている丸山は、中国の国民党と共産党との激化する対立と、アメリカ、ソ連の動きを丹念に追ってきているはずだからである(29)。

それはともかく、高木と南原が語り合ったことは、松平康昌が海軍の幹部と話し合い、外務省の幹部が検討したことと同じであろう。

ルーズベルトは国務省の指揮系統とブレーンを中国派から日本派に切り替えた。アメリカで言われている「ハード・ピース派」は中国派であり、「ソフト・ピース派」は日本派だ。こんな具合に論じ、日本に早期の敗北を促すことがルーズベルトの意図にちがいないと高木八尺が言い、南原繁がうなずいたのではないか。

無条件降伏を唱え、日本を徹底的に弱体化するねらいを隠していないが、いささかの譲歩を示そうとする気配だ。

ルーズベルトの死のあとを継いだトルーマンも同じであろうと二人は語り合ったのであろう。

「日本処分案」を読んで

高木八尺と南原繁がグルー・日本派の登場はなぜなのかを考えて、つぎにとりあげたのは、太平洋問題調査会の今年一月の大会の論議のことだったにちがいない。これは中国派、ハード・ピース派の巻き返しにつながるのだろうか。かれらは軍の関連機関、国務省の要所要所を占めるようになり、日本の敗北のあとに展開する政策は日本をフィリピン以下の生活水準に抑えようとすることになるのだろうか。

高木と南原は討論をつづけたにちがいない。

前に見たとおり、高木は太平洋問題調査会に参加し、日米間の相互理解のために活動をつづけた。そこでかれは、アメリカの太平洋問題調査会の戦争に入ってからの動きに注意を払ってきたのであろう。

戦争がはじまったとき、太平洋問題調査会はアメリカ政府に全面的に協力をすると宣言した。政府の委託研究をおこない、調査会のメンバーが政府機関に加わり、軍の教育資料を作成するようになった。太平洋問題調査会、正確にはアメリカ太平洋問題調査会なのだが、日本、中国を専門とする研究者が数多く加わって、半官半民の大きな研究団体に変わった。

昭和十七年十二月、カナダのケベックで太平洋問題調査会の第八回大会が開かれた。日本が代表を派遣しなかったバージニア・ビーチ大会から三年ぶりだった。高木は同盟通信社からこれに関する電報を受け取ったにちがいない。参加国十二カ国、百五十人の代表が集まり、六十五の論文が提出され、早くも戦後の日本をどうするかが大会の大きな主題となり、日本軍を解体する、日本の全植民地を取り上げる、朝鮮を独立させるといった目標が一致して採択された。

日本の太平洋問題調査会について触れておこう。日本国際協会太平洋問題調査部と名前を変えていたが、昭和十七年には日本外政協会の傘下に入った。日本にたいして非難攻撃をつづける太平洋問題調査会と関係のあるような組織を残しておく必要はないということになって、翌昭和十八年五月に太平洋問題調査部は解散してしまった[30]。

その年の十一月、カイロにルーズベルト、チャーチル、そして蔣介石が集まったことは前に述べた。三首脳はコミュニケを発表し、第一次大戦で日本が獲得した太平洋のすべての島を取り上げ、台湾と澎湖《ほうこ》島を中国に返還させ、朝鮮を独立させると決めた。

高木八尺はカイロで決められたその内容がそれより一年前のケベック大会で論議、採択されたものと同じラインにあったことに注目し、アメリカ政府はやがて明らかにする予定の外交計画を前もって国民に知らせておこうとして、太平洋問題調査会の大会を世論の啓発に利用しているのだと思ったことであろう。

アメリカの専門家たちは極東諸国の問題を分析し、見通し、政策に関するペーパーをつくってきた。かれらは太平洋問題調査会の機関誌「パシフィック・アフェアーズ」や、アメリカ太平洋問題調査会の機関誌「ファー・イースタン・サーベイ」に、日本、中国、朝鮮、台湾、フィリピンについての論文を発表してきてもいる。これらの論文のいくつかはストックホルムの公使館から東京に送られてきて、高木は読んだことがあったはずだ。

ケベック大会から三年あと、今年一月、太平洋問題調査会の大会はアメリカ東部のヴァージニア州にある温泉町、ホットスプリングで開かれた。参加国十三カ国、百七十人の代表が集まった。敗戦のあとの日本をどう始末するかの課題は、ガダルカナルと東部ニューギニアでの死闘に一喜一憂をつづけていた一九四二年のケベック大会とちがって、ずしりと現実味を帯びることになった。

アメリカ国務省次官補のディーン・アチソン、これも次官補のW・L・クレイトン、中国課長のジョン・カーター・ヴィンセント、ユージン・ドーマン、財務省からハリー・D・ホワイト、大統領特別補佐官のロークリン・カリーといったアメリカ政府の極東部門を担当する役人たちも非公式ながら顔をだしていた。

そして、ホットスプリングで論議された日本処分案はアメリカの新聞に掲載され、ラジオで報じられて、戦後の日本をいかに非軍事化するか、戦後の極東の平和をどのように維持するかという問題についての具体的な方向をアメリカ国民に教えることになった。

高木はグルーの新著は手にしなかったかもしれないが、これらの新聞記事の写しやアメリカの放送の写しを外務省、あるいは同盟通信社から受け取ったのであろう。

こうした情報を承知していた人は当然ながらほかにもいた。前に記したが、二月十四日に近衛文麿が天皇に戦いを断念するほかはないと上奏したとき、天皇は反論して、梅津美治郎が敵は皇室の抹殺を主張しているから戦いつづけなければならないと言った、と述べたのだった。

太平洋問題調査会の大会でのそうした議論の最初のものを梅津美治郎は一月十七日か十八日に読んだのであろう。東久邇宮は参謀本部から防衛総司令部にも配られたその綴りを読み、十八日の日記につぎのように記した。

「本日読んだ米国放送の訳文によれば、
一、日本は民主主義国として存在を許すこと。
二、日本は天皇を廃すること。
三、陸海空軍を全廃すること。

四、戦争責任者および軍閥を罰すること。
五、台湾、朝鮮、満洲、琉球、千島、南洋委任統治領はすべて取り上げること。
六、相当の期間、日本内地の重要地点に英米仏蘭の軍隊を駐屯せしめること。
と書かれており、わが国は絶対不敗の態勢をとることが急務中の急務であると感ずるとともに、私は皇族として大なる覚悟をしなければならぬと思った[31]」

それから一カ月あとのことだ。太平洋問題調査会大会での提案や主張を国民に知らせようということになった。陸軍省の幹部たちのあいだで協議がまとまり、情報局に告げたのではないか。

陸軍内のこの取り決めはばたばたと決まったものにちがいない。二月十六日と十七日の空母機の来襲に市谷台が大きなショックを受けてのことだったのであろう。B29の空襲はすでにはじまっていたが、三月十日未明の東京下町の焼き討ちはさきのことであり、市街地焼き討ちの予行演習だった二月二十五日の神田空襲もまださきであり、都民というよりは、陸軍幹部がまだ敵の空襲を甘くみていたときの艦載機の大攻撃だった。

東京が空母機の攻撃を受けたのは、昭和十七年四月のドウリットル部隊の空襲が最初だった。本土から一千キロ離れた洋上から来襲した敵空母機はB25十六機にすぎず、そのすべてを失った。それから三年あと、ヘルキャットとアベンジャー、一千二百機が関東の航空基地と航空機工場を襲い、朝から夕方まで、そして翌朝も来襲した。

敵「大型艦」一隻を「大破炎上」したという大本営発表[32]は誤りか、創作だった。実際には敵同士で衝突した駆逐艦二隻の損傷があっただけだった[33]。また、敵来襲機百四十七機を撃墜したと発表したが、実際の撃墜数はその四分の一以下だった。

もちろんのこと、市谷台の部局長や課長は公式発表を信じていなかった。かれらが意気消沈していたのは、陸軍第十飛行師団の老練な操縦者のすべて五十人以上が戦死してしまったこと、そしてもうひとつ、敵の空母と戦艦、駆逐艦の二群が三宅島の水域に接近し、べつの三群が銚子の沖わずか百二十五マイル、二百キロまで近づいていたにもかかわらず、待ち構える潜水艦部隊がなく、木更津から飛び立つ雷撃機もなかったことだ。

それから十日足らずあとの二月二十六日、七人の重臣上奏の殿《しんがり》となった東条英機が天皇に向かって、「敵の艦載機空襲は二日間にとどまり、第三日、第四日と続行することができなかった」と言上したのは、天皇の不安な気持ちを癒そうとしてのことであり、非力な海軍をかばってのことだった。

陸軍の戦争指導班長がつぎのような自嘲を日誌に綴ったのが、陸軍軍人の本音だった。

「大機動部隊が帝都の玄関先に於いて猛威を振いある間之に一矢をむくうべき海軍なく、航空機なし、帝国の実力の程敵も驚嘆せるならん[34]」

陸軍幹部は国民も自分たちと同じように落胆が大きく、不満が大きいと考えたのであろう。しかも一両日中に敵は硫黄島に上陸する。国民を喜ばせることのできるニュースはなにひとつなかった。どうしたらよいのか。国民を奮い立たせるには、ただひとつ、敵の無慈悲さ、凶暴さを宣伝するしかないと思った。「日本処分案」を新聞に載せることだ。

当然ながら、これを載せるなら、「この不逞」「この不遜」「ユダヤの陰謀」と怒りをぶつける大学教授や評論家、元外交官の談話や反駁の文章を同じ紙面に掲げなければならなかった。だが、陸軍省軍務局の幹部はおかしなことを喋られるのではないかと懸念したのではないか。皇室抹殺を主張しているのは中国派だとうっかり言うことになったら、ほかに何派がいるのだということになる。皇室を尊重しなければならないと説くアメリカ人もいる、これが日本派だと語ることになってしまう。かれらは宮廷に和平を呼びかけてきているばかりか、陸軍を悪玉に仕立てあげているのだ。うかつに皇室抹殺論に反駁、反論させるわけにはいかなかった。

こうしたわけで、軍務局は反論を新聞に載せる必要がないと情報局に指示したのであろう。しかし、「日本処分案」を新聞に載せるからには、社説でそれに反駁し、非難しなければならなかった。

論説委員の仕事はたいへんだ。平気の平左で絵空事を書きとばし、あとさき矛盾してもかまわずに決まり文句を並べ、枚数を揃えるだけの作業をしなければならない。だが、ほんとうのことをいえば、ほかのだれの仕事とも変わりはない。疎開計画をたてる工場の幹部、松根油から航空燃料をつくる計画をたてる軍需省の幹部、このさきの戦いの計画をたてる作戦参謀、みなやっていることは同じだ。

もっとも、論説委員室では、「日本処分案」ばかりは書きようがないと手を振って断り、君が書け、ぼくには書けないと押しつけ合いがあったにちがいない。どのように書いたらよいのか。日本産業新聞では、指名された論説委員は書きあげた原稿を手渡すときに顔をしかめ、読まないでくれと言ったにちがいない。

「敵の対日処理案」は「白日夢」だと言い、「我等の真面目に考慮するに足らざる夢想である」と書き、つぎのように結んだ。「内に傲慢無礼に対する燃ゆる敵愾心を籠めて、日々の戦いに勝利への途を不退転の決意を以て邁進せんのみである」(35)

朝日新聞の論説委員室では、執筆を任された論説委員は手の込んだ構図にした。本気でこのように考えていたのか、困りはててこんな具合にまとめたのかはわからない。

かれはアメリカの国務次官グルーが宮廷と陸軍を分断しようとしている宣伝工作をとりあげながら、陸軍が目くじらをたてる恐れのあるグルーの名をあげることは避け、アメリカは「日本国内に意見の対立がある」と見ているのだとさりげなく説いた。そして、敵は「日本の国論分裂」を意図して、下部の者たちには強硬論を展開させ、真に責任のある者が寛大な主張を放送することで、日本に揺さぶりをかけてきている。これにうかうかとのったら最後、日本は「処分」されることになるのだと主張した(36)。

二月十九日の朝、「日本処分案」が載った新聞をひろげた人びとはどう思ったのか。

東京帝大医学部教授の太田正雄はその日の日記につぎのように書いた。

「人々の顔に沈痛の色あり　或人は既にあきらめている故　何ともなしという。けさの新聞にアメリカにて評議せられたる降伏条件などの事を伝えたりという　何のつもりにてかかることを新聞に出したりやと問う人あり(37)」

太田正雄はその日の朝の新聞を読まなかったのであろうか。かれはなんと答えたのであろう。かれはそれを日記に記さなかった。

清沢洌が亡くなってすでに二十日近くになるが、元気だった二月二十一日、かれは日記につぎのように記した。

「十九日に硫黄島に敵上陸す。いよいよ切迫した。

二月十九日の各紙は一斉に敵の対日処分案なるものを発表す。今までは全然伏せていた皇室の事——国体の変革の企図が敵にあることをも書いている。これはかなり思い切った処置である。この反響は如何。知りまほし(38)」

清沢はこのように書いたあと、毎日新聞と中日新聞のその記事の切り抜きを日記帳に貼った。

毎日新聞のその記事の見出しは「敵の痴夢　日本処理案　暴戻《ぼうれい》、わが国体の破壊を意図　国民も徹底奴隷化」というものだった。中日新聞は「残虐無道　対日処分案　不逞、

神州抹殺を標榜　日清役以前に戻し搾取」という見出しを掲げていた。

朝日新聞の見出しもあげておこう。「妄想　日本処分案　全土占領、国民は奴隷　領土を略奪、工業抹殺」と記していた。日本産業新聞の見出しは、「武装解除・領土剝奪」「国体変革さえ揚言」「国亡び山河なし」というものだった。

日記に「日本処分案」のことを記した者には、ほかに高見順がいた。かれは二月十九日の日記につぎのように綴った。「反枢軸十二カ国の民間代表が意見一致したという決議の内容」と書き、「日本の全面的占領」から「商品による賠償」まで十項目を列記した。だが、かれも清沢と同じく、「残虐無道」とも「妄想」とも、自分が考えたことはなにも記さなかった㊴。

ところで、日記に「日本処分案」のことを書いたのは、太田正雄、高見順と清沢洌、そして最初に記した東久邇宮だけだった。日記をつける人は少なくないのだが、だれもこれに触れなかった。

思いつくままに挙げよう。そのときにはまだ出版社に勤めていた茂原照作《しげはらてるさく》、文筆家の添田知道《そえだともみち》、衆議院書記官長の大木操、侍従の徳川義寛、俳優の徳川夢声、作家の大佛次郎、民俗学者の柳田国男、朝日新聞記者の中村正吾、衆議院議員の芦田均、東大法学部教授の矢部貞治、新宿文化劇場主任の植草甚一、作家の伊藤整、東洋経済新報社主幹の石橋湛山、貴族院議員の大蔵公望《きんもち》、元情報局総裁の天羽英二、内大臣の木戸幸一、東京

文理大教授の福原麟太郎、横須賀砲術学校教頭の高松宮。

毎日、欠かさず日記をつけているこれらの人びとがだれひとり、二月十九日あるいは二十日の日記に「日本処分案」のことを記さなかった。

裏表一枚きりの新聞だから、第一面に載ったその恐ろしいヘッドラインに気づかなかった人はいないはずだった。不快さを堪えて読んだ人、その全部を読もうとしなかった人も多かったにちがいない。そして底冷えのする、暗い室内で日記帳をひろげたとき、だれもが「日本処分案」のことが真っ先に頭に浮かんだはずである。東京に住んでいる人、そして二月十九日であれば、その日の午後三時少し前から一時間ほどつづいた空襲のことをだれもが記すことになった。中島をねらいそこねたB29百十機は都内をそれこそ盲爆し、青山南町、千駄ヶ谷五丁目、豊島町四丁目、五丁目、六丁目、さらに葛飾区、江戸川区、深川区に爆弾、焼夷弾を落としたから、爆撃の話を日記に書いた人は多かった。

だが、「日本処分案」についてはなにも書かなかった。だれもが意識の外にそれを押しやろうとしたのである。

日記に書けないようなことを口にだすのはさらに不快だった。「国体変革」といった問題を議論の主題にするのは、だれにも大きな抵抗がある。

大蔵省に戦時経済特別調査室という研究会が開かれ、日本銀行、興業銀行、横浜正金銀行の各調査部長、東京帝大、東京産業大学の教授、東洋経済、日本産業新聞の幹部が集まり、戦後の経済問題を討議したことがあった。これは前に語り、その会合のひとつを記したことがあるが[40]、繰り返そう。

一月のある日、日本の領域はどれだけになるだろうということをテーマとした。だれもが陰鬱な気分だった。八千万人の日本人が北海道、本州、四国、九州に押し込められ、日本の経済は成り立たないとみなが言った。戦争前の生活水準に戻ることは到底不可能だと嘆息した。

朝鮮は日韓併合で得たものだから、問題はないはずだ、朝鮮が残れば食糧は自給できると言う者がいる一方で、カイロ宣言の大筋が日本人が四つの島で生きていかなければならなくなることを意味するとしても、外交交渉によってこれをどうにかして緩和させなければならないと説く者もいた。ただひとり、石橋湛山が四つの島で生きていく覚悟をしなければならない、四つの島で生きていく工夫をしなければいけないと言いきり、気落ちしている人たちに感銘を与えたのだった。

この集まりは一月のいつだったのであろう。石橋湛山、そしてほかの人びとは、日本の領域が四つの島に狭められて日本人の生存は可能かを検討したとき、日本の君主制度をどうするか、日本の産業のどこまでを賠償として徴求するかという問題を討議する国際会議がアメリカであったことは知らなかった。

二月、三月には空襲が頻繁となり、会合もままならず、四月はじめには内閣総辞職で石渡荘太郎が内閣書記官長を辞め、研究会は消滅したが、賠償の問題、皇室の問題を討議する機会はあったのであろうか。

四つの島になったら、四つの島で生きていく工夫をすべきだ、それはできると石橋湛山が説き、中山伊知郎はそう考えなければいけないのだと思い、自信にあふれた啓示だと思ったことは前に記した(41)。

だが、「日本処分案」の詳しい内容が紹介され、賠償の問題を討議することになったときに、はたして石橋湛山はなんと言ったであろう。「一切を棄つる覚悟」と言えたであろうか。

四つの島に七千八百万以上の人間が押し込められる。そして、本州に残っている自動車製造工場と火力発電設備はすべて撤去される。本州、九州、北海道に残る製鉄所も賠償の対象になる。日本製鉄の八幡、輪西、広畑、富士の各製鉄所、日本製鋼の室蘭、広島の各工場、さらに特殊鋼の製造工場、これらのすべてが持ち去られるだろう。最小規模の製鉄所が二つ、三つ残るだけとなるのではないか。東京産業大学の教授、東洋経済、日本産業新聞の幹部は互いに顔を見合わせ、日本は鍋釜、鍬と鎌をつくるだけになるのかと言えば、それに蹄鉄かなとだれかが言っても、笑い声は起きなかったにちがいない。

四つの島だけとなって、食糧も不足する。現在はまがりなりに食糧の配給はつづいているが、敗北のあとはどうなるか。朝鮮が残れば、食糧は自給できる、交渉すればよいと前に語ったことのある人も、「日本処分案」に目を通し、戦いに負けるというのはどういうことなのかをはっきり知ったことであろう。

一日二千百カロリーの最低食事量を維持していくためには、国内の食糧生産量ではとても足りない。必要量の八〇パーセントを満たすだけだ。米に換算して五百五十万トンをどこからか輸入しなければならない。

ぎりぎり必要な食糧とこれまたぎりぎり必要なわずかな原料を外国から買わねばならなくなる。だが、外貨をどこからひねりだすのか。

蜜柑やアスパラガスの缶詰、そして真珠をアメリカに輸出することになるのか。それらの金額を合わせてもたかがしれている。生糸をアメリカに売らなければならないが、どれだけ輸出できよう。昭和五年まで対米貿易は黒字だった。生糸の輸出が好調で価格が高かったからだ。ところが、大恐慌がはじまり、アメリカ国民の購買力は大きく落ちた。生糸の価格は暴落し、輸出量も減った。大正から昭和のはじめまで毎年七億円の生糸をアメリカに売っていたのが、昭和五年には四億円に激減し、さらに三億円にまで落ちた。そして、対米貿易は赤字となった。

この赤字を埋めようとして、新たに外貨を獲得したのが綿糸布だった。[42]

ところが、現在、アメリカ人はどのように主張しているか。日本の工場と商社の強大な輸出競争力が侵略のための潜在的な戦争能力を育成したのだと言い、極東の平和を脅かしてきたのだと説いている。これを根拠に軍需工業以外の紡績工業の設備も賠償に指定するのではないか。

横浜正金銀行調査部長の難波勝二はなんと言ったであろう。

安くても生糸を売るしかないだろう。売れるだろうか。生糸の最大の消費先は絹靴下だ。ところが、アメリカとの戦争がはじまる前、昭和十四年の末から昭和十五年に新たに登場したナイロンの靴下は、すでにそのとき絹靴下を圧倒する勢いだった。アメリカの絹靴下の最大の生産地、「ザ・シルク・シティ」と呼ばれたニュージャージー州のパターソンの絹織物工場では、絹用の編織機はナイロン用の編織機にどんどん変わっていた。戦争が終われば、アメリカはナイロンの生産を大々的に増やすことになるだろう。

昭和初年、年間五十万梱《こうり》をアメリカに輸出した。二年さきのことか、五万梱を輸出できるだろうか。

また戦前は国際収支の赤字を最終的に埋めたのが、海運業による外貨の受け取りだった。戦前には六百数十万総トンの船腹を保有していたが、ほとんどの外航船は沈められてしまったのではないか。いま残りわずかの船が日本海にだけ動いている。触雷せずに残った船はこれまた賠償で持っていかれてしまう。

大部分の造船所も撤去されようし、おおかたの製鉄所が持ち去られれば、つくることができるのは木造船だけだろう。どうやって外貨を稼ぐか。漁船をつくって、獲れたマグロや蟹、鰯を缶詰にするしかあるまい。

いったい、敗戦後の日本、これから五年さき、十年さきの日本はどうなってしまうのかとだれもが考え込むことになったにちがいない。そして「日本処分案」には皇室の問題がある。大蔵省総務局長の山際正道、東京帝大教授の荒木光太郎、石橋湛山、そしてほかの人びとはどう考えるのか。

大蔵省の戦時経済特別調査室に集まった人びとはこの問題を論じることはなかったにちがいない。二月十九日の新聞紙面に載った「日本処分案」を読んだほとんどの人が日記になにも書かず、気づかなかったように見せかけたのと同じことだ。だが、だれもが国体を守らねばならないと思っている。

日本はすべてを失うことになる。

息子を失い、夫を失い、兄を失い、町という町を失い、いまもなお失いつつある。大海軍を失ってしまい、大商船隊も失ってしまった。世界最大級の水豊ダムと世界一となるはずの大化学コンビナートを失い、南満洲鉄道を失い、台湾の製糖工場を失い、国内の製鉄所、火力発電所、肥料工場の大半を失うことになる。そして、日本は名誉を失い、力を失い、自信を失うことにもなる。

だが、どうにかして日本を再建しなければならない。名誉を回復し、力を取り戻さなければならない。ただひとつ、皇室を守ることからはじめなければならない。

「ヒンデンブルグの悲劇」を読んで

どうやってこの国体を守ることができるのか。

君主体制を守り通せなかったドイツ、ロシア、オーストリア・ハンガリーの歴史を、天皇、高松宮、あるいは東久邇宮は読んだのであろうかと前に記した。

国会議員、企業の首脳、外務省、内務省の幹部、市谷台や霞ヶ関の軍人たち、もちろんごくごく限られた人たちが、第一次大戦に敗北した王国の滅亡にかかわった敵味方の軍人や政治家の回想録を読み、それを考究した歴史書をひろげてきた。昨年の秋から異常に寒かったこの冬、都市への無差別爆撃がはじまったこの早春、そして戦死者を残したままじりじりと後退をつづける沖縄の戦いがつづくこの梅雨のあいだ、人びとは「前独帝自叙伝」や「戦うクレマンソー内閣」を読み、黒田礼二の「廃帝前後」をひろげ、「ヒンデンブルグの悲劇」を人から借りることになった。

ウィルヘルム二世の自伝「前独帝自叙伝」は大正十二年に大阪毎日新聞社からでた。ウィルヘルム二世のドイツ帝国の歴史を記述した黒田礼二の「廃帝前後」は昭和六年に刊行された。

とりわけ多くの人に読まれたのが「ヒンデンブルグの悲劇」だった。著者はウイラーベネットという英国人の研究者だ。木原通雄が訳し、東晃社から出版された。

ウイラーベネットが書こうとしたのは「木彫りの巨人」ヒンデンブルグの伝記だった。第一次大戦の終末から、帝政の崩壊をなすことなく見送り、戦後はヒトラーの登場とかれの実権掌握に手を貸すことになった軍人政治家、つねに「表舞台の立役者」ではあったが、いつの場合も「思いのままの支配者」とはなりえなかった人物の一生を描いた。

著者がその本を刊行したのは一九三六年、昭和十一年、ヒンデンブルグの死から二年あとだった。翻訳出版されたのは昭和十六年のはじめであり、訳者の木原が述べたとおり、「ナチスの今日の赫々《かくかく》たる成功」のときであった。木原は「敗北へ、そしてその再建にいたるドイツの歴史」を描きだしているのだと、はしがきで述べた。

木原通雄について述べておこう。潰れてしまった国民新聞の記者だった。「時局本」と呼んでいいような本を何冊かだしてきた。現在は内閣嘱託である。内閣書記官長の迫《さこ》水《みず》久常《ひさつね》に頼まれてのことだ。首相のスピーチライターである。

今日、六月九日、議会で首相が施政演説をしたが、その原稿を一昨日の夜、下村宏が手直ししたことは前に記した[43]。それより前、迫水久常が記した箇条書きを文章にしたのが木原通雄だったのではないか。

「ヒンデンブルグの悲劇」のことに戻るが、著者の意図と訳者の思惑が異なったばかりか、読者がその本に求めたことがまたちがった。訳者の木原はほろ苦い気持ちであったろうが、出版されて三年あと、第一次大戦のドイツの敗北のことを知るまことに手頃な本となったのである。

人びとがこの本を手にしたのは、サイパン島が敵に奪われ、東条内閣が退陣したあとのことだった。衆議院議員の芦田均は昨年十月六日の日記につぎのように記した。

「この本は老人連が中々よんでいる。宇垣大将、近衛公、竹越三叉《さんさ》先生、三土先生等からもその話を聞いていたので私も読む気になった(44)」

芦田均はこの本をはじからはじまで読んだようだが、宇垣一成《かずしげ》、三土忠造、あるいは芦田にこの本を貸した鳩山一郎はすべてを読まなかったにちがいない。かれらは五百頁におよぶ本のうちの百頁ほど、「連合軍の西部攻勢」から「カイゼル退位の前後」を読んだのではないか。

「廃帝前後」を読んだ人も同じであろう。ドイツ語の回想録や歴史書からの引用で埋められた六百五十頁の大冊のうち、「カタストローフ」の章、五十頁ほどを読んだのであろう。

第一次大戦の後半の二年間を記した「戦うクレマンソー内閣」も多くの人に読まれた。クレマンソーがフランスの首相兼陸相となり、フランスを勝利に導くまでの期間の出来事が綴られていた。著者はクレマンソーの片腕、陸軍省官房長のモルダックという軍人だった。そのとき召集されて参謀本部付となっていた酒井鎬次《こうじ》が翻訳し、昨年の十二月に大阪新聞社から出版されたばかりだった。

人びとは「ヒンデンブルグの悲劇」や「戦うクレマンソー内閣」からなにを知り、なにを学んだのであろう。

ドイツの最高軍人が休戦を決意したことにはじまり、ドイツ皇帝がドイツから逃亡するまでの三カ月間をこれらの本から振り返ってみよう。

ドイツ参謀総長のパウル・フォン・ヒンデンブルグと参謀次長のエーリヒ・ルーデンドルフがドイツ軍の最高指揮権を握っていたが、事実上、ドイツ軍最高指導者はルーデンドルフだった。一九一八年八月、かれはもはやドイツ軍は攻勢をとることはできないと考えた。アメリカの二百万人にのぼる欧州派遣軍が、もう一息で勝利をつかめたはずのドイツの機会を失わせてしまったのだとルーデンドルフは考えた。前線が突破され、恐るべき事態になるのではないかとかれは予測して、アメリカ大統領ウィルソンが唱えた十四箇条の和平案を受諾して、敵軍に休戦を提議しようとした。その十四箇条は、領土を併合しない、賠償を要求しない、懲罰的な措置をとらないと宣言していた。交渉による戦争終結は可能だとルーデンドルフは考えた。

かれは全軍隊と全装備をフランスとベルギーからドイツ国内に引き揚げ、現勢力を維持したまま戦いを終わりにすることができる、万一、和平交渉が面白くない方向に行くなら、そのときにはまた戦えばよい、そのための時間稼ぎもできると思った。

ルーデンドルフはぬかりなく準備をした。帝国宰相のヘルトリンクを辞任させ、敵側が交渉相手としてすんなり認めるとみられるバーデン公マクシミリアンを後継宰相にたてた。十月三日だった。そして、議会第一党の社会民主党の二人の幹部が入閣することになった。

翌十月四日、ドイツ政府はアメリカ政府に向かって休戦を提議した。アメリカ大統領はドイツ側に問うた。ドイツ政府はいかなる勢力を代表して交渉に臨むのか、これまで戦争をつづけてきたカイゼルの軍隊を代表するのか。ドイツ政府はドイツ国民と議会の絶対多数の名において協議するのだと回答した。

ところが、ウィルソンのつぎのドイツ政府宛ての覚書は強硬なものに変わった。「ドイツの軍部や専制的なカイゼル」が交渉相手となるなら、降伏の協定をする以外に道はないと言い、カイゼルの退位を要求した。

ドイツの敵国はドイツの休戦申し入れをドイツの弱音と受け取り、ドイツ軍の消耗がひどいのだと気づき、強硬な態度をとるようになったのだ。

そして、ドイツの一般大衆は最高軍司令部の休戦申し入れにびっくり仰天した。アルザスのいくつかの村を除いて、ドイツ軍は依然としてフランスとベルギーの領土で戦っているではないか、戦いに負けたことはなかったではないかと思った。ロシアから平和を勝ち取り、フランス軍と英国軍をいま一歩のところまで追いつめ、「勝利による平和」

は間近なのだとばかり思い込んでいた。こちらが休戦を申し入れるとはドイツが負けているということなのか。皇帝、宰相、将軍たちに誤って導かれてきたのだとだれもが思った。国民の士気はみるみるうちに底に落ちてしまった。

ドイツ政府の首脳たちは国民に見放され、敵側に押されれば下がるしか手だてを失ってしまった。有利な条件で休戦するためには、カイゼルの退位が必要だと説くようになった。立憲君主体制を救うただひとつの道は、カイゼルと皇太子が引き下がり、皇孫のために皇族のひとりを摂政としてたてるべきだと主張しはじめた。

ルーデンドルフは、「降伏」ではなく「休戦」を勝ち取るつもりではじめたことがとてつもない事態に追い込まれて、辞任せざるをえなくなった。だが、それより前に、かれは全軍の司令官に宛てて、軍としてはこのような不法きわまる条件は到底受け入れることができないから最後まで戦うべしと命令した。これが十月二十四日のことであり、かれが辞任したのが十月二十六日だった。

ルーデンドルフはすべてを変えようと本気で考えていたのではなく、自分はけっして軟弱な態度をとっていなかったのだという証拠を歴史に残そうとしたのである。

ところで、ルーデンドルフとドイツ政府の幹部たちがその年の一月に発表されたウィルソンの十四箇条を信じたのだとしたら、労働者たちのほうは、同じときにはじまった社会革命を説く共産主義者の宣伝にうなずき、わずか数千人の上流階級が数千万人の労働者を犠牲にして戦争をしているのだという主張に、なるほどと思うようになった。

十月二十八日、キール軍港の艦隊が出港しようとした。負けてしまったというのに出撃するのかと水兵たちが怒った。軍艦のボイラーの火は停泊中も残しておくものだが、その火を消してしまった。水兵の反乱は市内の労働者のストライキに発展した。翌十一月に入って他の港にストライキはひろがり、つづいて都市という都市に赤旗がひるがえり、公然とカイゼルの退位を要求するようになった。

十一月九日、宰相マクシミリアンはもはやどうにもならないと思った。独断でカイゼルの退位を宣言し、みずからも辞任した。代わって社会民主党の党首エーベルトが政権を継いだ。そして、帝政の廃止と共和制の樹立を宣言した。

同じ日、参謀総長の椅子をずっと守りつづけてきたヒンデンブルグは皇帝に向かって、「私は陛下がベルリンに引き立てられ、革命政府に捕らえられるのを見るような責任を引き受けることはできませぬ」と述べ、「すみやかに退位を決行なされ、オランダへ赴かれることをお奨めするほかはありませぬ」と言上した。

そしてもうひとつ、かれは各軍の司令官にたいして、「最高軍司令部はテロをおこなうボリシェヴィズムのドイツにおける拡大を阻止するために、穏健な社会民主党党首をつとめてきたエーベルト宰相と歩調を合わせることを通告する」と打電した。

翌十一月十日、皇帝はオランダに逃亡した。つづく十一日、ドイツ側の代表は敵の最高司令部に着き、休戦条約に調印した。

あげくのはてに敗戦ドイツは苛酷きわまるヴェルサイユ条約を押しつけられることになった。

東京で、あるいは軽井沢で、国会議員、重臣、元外交官、軍人が「廃帝前後」や「ヒンデンブルグの悲劇」から敗戦ドイツの暗澹たる結末を読んで考えたことは、うかつに休戦だ和平だと言いだして国の内と外に弱みを見せてはならないということだった。弱気になってはいけない、戦いをつづける以外にないということだった。

昨日の御前会議をしめくくって、枢密院議長の平沼騏一郎がいまは平和を語ってはならぬと言ったのは、ドイツの轍を踏んではならないということだった。

学ばねばならない人物は、一九一七年十一月にフランス首相兼陸相となったジョルジュ・クレマンソーだった。

ドイツとの戦いがはじまって三年以上がたち、戦場ではすでに四百万以上の死傷者をだし、工場ではストライキ、軍内部では小さな反乱が起き、政府から議会、軍部、言論機関まで、戦いをやめよという声がひろがっていた。ところが、クレマンソーは「予は戦争をつづける」と明言して、いささかもひるむことなく、まさに独裁者として振る舞い、妥協的平和を唱える元首相カイヨー、内務大臣マルビーを含め、敗戦主義者を徹底的に弾圧、収監し、国民に戦うのだと教示して、よろめき、敗北に向かおうとしていたフランスを立ち直らせ、一年のちには勝利に導いた。

酒井鎬次がクレマンソー内閣の施政一年を記した本の翻訳を終えたのは昭和十八年だった。(45)東条嫌いの酒井がそのときになにを考えて、それを出そうとしたのかはわかりかねるが、戦時独裁政府の首相を主人公としたその本は東条英機にたいする批判となるよりも、首相兼陸相のかれの有力な味方となるはずであった。つぎにわからないのは、その本が出版できなかったことだった。酒井の訳した本なんか出すことはないという声が陸軍省軍務局、東条の部下からでたからであろう。

ところが、酒井はそれに怒っている余裕はなかった。「戦うクレマンソー内閣」を出版するどころではなくなった。敵がマリアナを襲い、戦いの成り行きを変えることはもはやできないとかれは考えた。かれは近衛文麿に向かって、戦争指導方針の大転換が必要になったと説き、首相を更迭しなければならないと主張し、新方針は戦争を終末に導くことだと言った。

そのあとになって、その本は出版されることになった。前に記したとおり昨年十二月になってである。東条英機が首相から去って、妨害がなくなってのことだったのであろうか。

「戦うクレマンソー内閣」はけっして読みやすい本ではない。説明が足りず、読んで退屈なだけだ。おそらく手にした大部分の人が最初の四十頁を読んだだけでやめてしまったにちがいない。だが、そこまでで充分だった。クレマンソーが登場したときの悲観的な戦況と国内の状況を記述し、首相兼陸相となったクレマンソーの毎日の執務方法を説明し、つぎに政府と軍が取り組まなければならない問題を挙げて、どのように解決したかを説き、陸軍省をいかに改革したかを述べていた。

この本が本屋の店頭に並んだとき、東条英機のあとの首相、小磯国昭の人気はさっぱりだった。市谷台の陸軍軍人や議員、役人、新聞記者たちが首相の小磯国昭や陸相の杉山元の無力な指導ぶりの批判や非難と重ね合わせ、日本には「勝利の父」クレマンソーはいないのかと慨嘆するようになった。

東久邇宮は二月はじめにこの本を手にした。フランス留学時代に名誉の絶頂にあったクレマンソーに会見したことがあり、こちらの問いにたいし、鋭利、辛辣な答えを返してきたことを懐かしく思いだした。東久邇宮はさらに注文し、高松宮、三笠宮、朝香宮、賀陽宮にこの本を送ったのである。(46)

三月六日、枢密顧問官、伊沢多喜男の豊島区西巣鴨の家に読売新聞社社長の正力松太郎が訪ねてきた。伊沢は持論を述べ、一億一心、戦い抜かねばならぬと説いた。後刻、伊沢は手帳に話し合ったことの要点を書きとめた。陸海軍の統帥を一元化と記したのは、伊沢と正力の両者が語ったことだったにちがいない。内大臣と書いたのは、伊沢が木戸幸一にたいする批判を述べたのであろう。

そして二人は首相の小磯国昭が指導力を欠いていると話し合い、当然ながら次期首相はということになったのであろう。手帳に「宇垣、東条、寺内、鈴木、松岡、梅津、広田、大隈、クレマンソー」と記したのは、正力が挙げ、伊沢が批評した首相候補の名前であろう。なぜか二人は近衛を取り上げなかったようだ。伊沢は大隈重信侯ほどの政治家がいたらと言ったのかもしれない。日本にはクレマンソーがいないと嘆くことで二人の政治談義は終わったのである[47]。

小磯内閣は退陣し、鈴木内閣が発足した。四月八日の朝日新聞に「必勝内閣成る」と題する社説を掲げ、新首相、鈴木貫太郎にクレマンソーたれと望んだ。最初の一節を引用しよう。

「当年とって満七十八歳、しかも身中に弾丸を含む老提督が一世の与論を担って敵前に宰相の印綬を帯びた決意は、第一次大戦の末期、同じく身に凶弾を蔵する満七十六歳の老クレマンソーが、頽勢《たいせい》フランスの狂瀾《きょうらん》を既倒《きとう》に回すべく蹶然《けつぜん》起った雄々しき武者振りに優るとも劣らぬものありといってよい。往年のフランスにとって殆ど大勢は最後の断末魔に迫りつつあったとも見られ、前線の士気道義は頽廃し、そして銃後のそれは更に一段と甚だしきものが認められた。国内資財は殆ど終結に近づき、残る武器弾薬も余命幾許《いくばく》もなき有り様であった。これを如何にして打開し、国民に戦勝への熱意と自信とを回復せしめ、降り坂の中道に祖国を食い止めるか、老クレマンソーの念願はただそれのみであった。彼はまず国を挙げての勝利への意思と念願とを具現するためには何よりもまず軍部と外交陣営との全的支持を必要とするという結論に到達した。そしてこの途を阻むものは、軍部と外交陣との内外を問わず、一切これを遠慮せしめるというのが、蹶《けっ》起《き》の第一歩に決行した英断であり、第二に戦争を完全に国民全体の戦争たらしむるために、出来る限り国の内外情勢を迅速、率直に国民に知らせるということであった。一年間にして大勢は好転せしめられ、国民の意気は揚がり、廟堂《びょうどう》の重味は加わる一方であった。かくて最後の勝利はフランス側のものであった。

我が国今日の情勢と鈴木老提督の立場とは、必ずしも全的にこれと同じといえないが、少なくとも多くの点で、クレマンソーの先蹤《せんしょう》を参考すべきものをもっている」

この社説がでた四月八日のことであったかもしれない。鈴木内閣の内閣書記官長になったばかりの迫水久常が「戦うクレマンソー内閣」の抜粋を印刷して、議会、政府機関に配った。(48)どのような箇所を読んでもらおうとしたのかはわからないが、想像はできる。前にも述べたとおり、かれも最初の四十頁から取りだしたにちがいない。陸軍大臣を兼任したクレマンソーが官僚的な惰性を斥けようとしてやったもろもろのこと、たとえば通常の問題であれば三日で解決すると決め、「三日訓令」と呼ぶようにしたこと、軍幹部の若返りを命じたくだりを拾い上げたにちがいない。

ところが、配って一両日あと、迫水はその二万部を回収する羽目となった。その理由は不明だが、これも想像できる。

首相となった鈴木貫太郎は陸海軍合同に反対する米内光政を海軍大臣に留任させたことで、市谷台のだれもがひどく怒っていた。そんなさなか、新聞の社説が鈴木をクレマンソーと比べ、鈴木内閣の大番頭がクレマンソーの宣伝をしたものだから、陸軍省軍務局内の鈴木への悪口雑言の高まりのなかで、あのバドリオはクレマンソーを気取るつもりかという悪罵も飛び交ったにちがいなかった。

二年前の九月、ムッソリーニが失脚し、ピエトロ・バドリオ元帥のイタリア新政権は、枢軸側から変節して、連合国側に寝返った。このことから、バドリオは敗戦主義者、裏切り者の代名詞となってきた。そして陸軍内には、米内留任問題が起きる前から、たとえば憲兵司令官の大城戸《おおきど》三治のように、鈴木貫太郎をバドリオだと警告する主張があった。

もちろん、軍務局長は迫水に向かってはそんなことは言わず、かれが配った印刷物には「陸軍省の改革」のくだりが載っているが、これは陸軍にたいする当てつけかと抗議したのであろう。迫水がはねつけることができなかったのは、米内問題で陸軍が激しく怒っていたことから、陸軍とのさらなる摩擦を避けようとしてのことだったにちがいない。

それから二カ月がたつ。「週刊朝日」の六月三日号は「虎の素描　クレマンソーのこと」を載せた。虎とはクレマンソーのあだ名である。大佛次郎が書いた。

かれはクレマンソーについて書くようにと頼まれ、朝日新聞の四月八日付の社説のように、首相のクレマンソーがやったことを書き並べても、むなしいだけだと思ったのではないか。かれは編集記者に向かって、人物スケッチにするよ、と言ったにちがいない。

ところで、二カ月前の朝日の「必勝内閣成る」の社説は「必勝」を説いていたわけではない。大佛次郎は気づいたのであろうが、その社説の書き手は読者に知ってもらおうとする自分の考えをはっきりと記していた。

その社説は鈴木新首相はクレマンソーでなければならぬと説き、最後は型どおりに結び、「B29数十機の跳梁下に組織された新内閣は余程《よほど》の決意を以て、そしてまた些《いささ》かの逡巡もなく内外政策を断行すべきである。敵はすでに前門に迫っているのである」と述べたのだが、その結びの前のくだりで、新内閣の構成を語って、つぎのような一節を加えていた。

「米内海相の留任、阿南陸相の新任を以てすることは、新内閣に千鈞の重味を加えるものといってよい。海相については、また更《あらた》めていうべき必要を見ず、陸相については嘗《かつ》て侍従武官として側近に奉仕せる閲歴を持つ点を特に重視したいのである」

鹿児島、宮崎の戦い、相模湾、九十九里浜の戦いの準備をしなければならないのが陸軍大臣の任務であるはずだ。ところが、阿南大将の一昔前の履歴を語り、昭和四年から昭和九年までのあいだ侍従武官であったことをことさら取り上げるのは奇妙な話だった。首をひねった読者のなかには、これを書いた論説委員は、天皇は本土が戦場となる前にこの戦いを終わりにしたいと望んでおられるのだと判断したからこそ、新陸軍大臣の「側近に奉仕せる閲歴」を「重視したい」と書いたのではないかとうなずいた人もいたにちがいない。

この社説を執筆した論説委員はだれだったのであろう。佐々弘雄(49)であろうか。かれがクレマンソーを引き合いにだすことで本当に主張しようとしたことは、クレマンソーの決断力と実行力を持ち合わせたバドリオを望むことだったのである。

ところで、佐々は気づいているのであろうか。鈴木貫太郎、米内光政、東郷茂徳、梅津美治郎、さらにほかの政府、軍首脳の名前を挙げることもできるが、かれらの一人ひとりが心密かに思っていることは、これまたクレマンソーの決断力と実行力を持ち合わせたバドリオにならねばならないということなのだ。

かれらはけっして口外はしないが、アメリカがいささかの譲歩を内包する和平の呼びかけをしてくるのではないかとますます強く思うようになってきている。かれらがこれを口にだすときには、前に述べたとおり、表向き、あるいは半分本気で、いちどは勝たなければという台詞を語ることにもなっているのだ。

だが、かれらの胸中には不安がつきまとう。たしかにアメリカ国務省を代表するグルーは日本の君主制を認めるという考えを述べてきたが、公式に日本へ呼びかけをしてくる気配はない。そして日本に厳しい要求を突きつけようとする主張は依然としてある。

うかつに動いてはならないと告げる「ヒンデンブルグの悲劇」の教訓がべつにある。しかし、沖縄の戦いは今月中に終わる。「なんとしても戦局の永続を願わねばならぬ(50)」とはガダルカナルの奪回を断念してからの東条英機がつねに部下たちに語った言葉であったが、もはやいまとなっては息継ぎの余地はない。「戦局の永続」を願うことはできない。何回も説いてきたとおり、空間と時間の両者はともにいよいよ使い果たされる。

第31章　近衛、木戸、天皇（六月九日）

近衛文麿の怒り

少なからずの人が第一次大戦に敗れたヨーロッパの王国の滅亡を思いだすようになっていることは前に記したし、ドイツ帝国崩壊の歴史を読んでいることも前に述べた。そして、ドイツ軍最高指導者、ルーデンドルフの独りよがりな休戦の提議がドイツと王室の瓦解を導くことになったのだと多くの人は考えた。うかつに動けば、たいへんなことになるとだれもが思った。

だが、考えもなしに釣り糸を投げ入れれば、引きずり込まれると言ってきた人たち、それにうなずいた人たちは、敵側がなんらかの動きをするのではないかと密かに期待してきたが、そんな動きが起きるようには見えない。いや、もう少し待たなければならないのだろう。そうなのだろうか。こちらがこのまま動かないでいれば、ずるずると本土での戦いになってしまう、ヒトラーのドイツがやったように本土を戦場にして絶望的な戦闘をするわけにはいかない、どうしたらよいのかと政府幹部、外交長老、重臣たちの不安は大きくなろうとしている。

ところで、帝政ドイツの敗北の歴史からべつの教訓を引き出した人がいる。二月に天皇に向かって敗北を覚悟しなければならないと言上した近衛文麿である。

そのときから一カ月ほどあとの四月二日のことだった。近衛グループの勉強会があり、このさきの食糧事情を食糧局長官の湯河元威《もとたけ》から聞いた。満洲の雑穀の輸送にすべてが懸かっているといった話が終わったあと、富田健治と細川護貞の二人が残った。小磯内閣はもうだめだろう、つぎには近衛公が立つしかないのではないかと話した。

木戸幸一が袞竜《こんりょう》の袖に隠れて策略をめぐらし、小磯内閣が明日には命脈を絶たれることをこの二人はまったく知らなかった。だが、小磯内閣はおしまいだとはだれもが語っていたことであり、かれらもそう思っていた。つぎの首相はこの戦いを終わりにしなければならないが、近衛公しかいないと細川は考えていた。

細川がそう言ったのにたいし、富田は首を横に振り、近衛公はつぎの首相になるつもりはないようだと言い、近衛が抱く懸念を語った。そのあと細川は日記につぎのように書いた。「国体の問題は極めて重大にて、外国より万一御譲位等を要求することありては、国体に瑕を生ずるを以て、それ以前に御上の御意志によって遊ばさるるに非ざれば、恐らく国体は保たれじ。この点を心配すればなりと(1)」

帝政ドイツ崩壊の歴史を読んだか、その説明をだれからか聞いたのは近衛も同じだった。だが、かれがそこから学んだことは、ほかの人たちとちがった。

前に述べたことを繰り返すが、ドイツ政府はアメリカ大統領ウィルソンに休戦の意思を示した。ところが、ウィルソンは戦争責任のある軍部を相手にしないと言った。さらにつぎの覚書で、ドイツ国民は最大の戦争責任者である専制君主を振り捨てよと勧告した。ウィルヘルム二世の逡巡とむなしい抵抗が災いした。一千年にわたってドイツの歴史とかかわりを持ち、ブランデンブルグ選帝侯、プロイセン王、ドイツ皇帝を輩出したホーエンツォレルン王家はすべてを失ってしまった。

アメリカの大統領はだれであっても、同じ要求を日本にたいして切りだすのではないか。近衛はこう思ってきた。

おそらくかれは、かれのグループの一員、昭和十五年、十六年に情報局総裁だった外交官出身の伊藤述史《のぶふみ》から話を聞き、本を借りて、ウッドロー・ウィルソン大統領がドイツの帝制を倒壊させてしまった歴史を学んだのであろう。

ウィルソンは道徳的原則こそ守るべきものだと強調し、それがアメリカの力であり、ほかの諸国が持たない道徳的活力なのだと説き、現実主義による妥協、シニカルな計算を排することを主張した。ウィルソンの名がでてくれば、その名に「ハイ・マインディッド」、「高潔な」という形容詞がつくことを近衛は知ったにちがいない。現実主義路線が主流となっても、ウィルソン主義がアメリカ外交の基本観念となっていることを近衛は承知していた。

昭和十六年の日米交渉中のアメリカ国務長官コーデル・ハルの外交姿勢がまさにそうだったのだと近衛は思う。

なにがウィルソン主義だ、身勝手な言いぐさだ、アメリカの偽善主義だ、自国の国家野心を隠す楯だと怒ったところで、いまとなってはどうにもならない。再びウィルソン主義を振り回されることを覚悟しなければならないのだと近衛は覚悟を決めている。

そして、近衛がやっぱりやったかと思ったのは、この一年前のイタリアのニュースだったにちがいない。

同じ一年前、多くの人がイタリアからの報道で注目したのは、バドリオ政権がソ連と秘密交渉をおこない、モスクワに亡命していたイタリア共産党の首脳トリアッティの帰国を認めるのと引き換えに、米英両国を出し抜き、国交樹立を勝ち取ったことだった。昨年三月のことだった。

バドリオが「わが国が歴史上、もっとも悲惨な状態にあるなかで、ソ連政府がこのような友情を示されたことをイタリア国民は永久に忘れることはできないだろう(2)」と語ったことは、日本もまたソ連の「友情」を期待できるのではないかと少なからずの人びとに思わせたのである。

近衛が考えたことはまったくちがった。バドリオ政権はソ連の仕掛けた罠に落ちたのだと思ったのである。そして、かれがそのときに注目したニュースはべつにあった。

それから一カ月足らずあとのことだ。イタリアの国王エマヌエーレ三世がやがて退位するとアメリカ政府の代表が公表した。王宮の発表であるべきものがアメリカ側のコミュニケとして流され、米英両国の特使が国王と会談した直後のことであったから、国王の自発的な意思ではなく、アメリカが退位に向けて強い圧力をかけ、国王側の引き延ばしを阻止すべく発表してしまったといういきさつが透けて見えた。アメリカ側は国王が英米仏にたいして宣戦布告をおこなった責任を追及したのだ。

さらに一カ月あと、昨年の六月五日、逃げていた南イタリアから、アメリカ軍が入城したローマに戻ることになったエマヌエーレ三世は、退位を発表し、ウンベルト皇太子を摂政に任命した。

近衛はこうしたことを見てきた。そこでかれは、降伏の申し入れに先立ち、天皇の退位が不可欠だと考えるのである。

そして、かれのもうひとつの主張、陸軍の指導部を取り替え、昭和十一年に追放された将軍たちを復活させるという案、かれが重臣たちに説き、木戸を説得し、二月十四日には天皇にも訴えた計画も、ドイツ敗北の歴史から学んだ教訓である。

前に述べたことを繰り返すなら、(3) 梅津美治郎とかれの部下たちを追放する。代わりに真崎甚三郎と小畑敏四郎を陸軍の責任者とする。中国との戦い、アメリカとの戦いに関係のないかれらであれば、この戦いを終わりにすることは容易にできよう。

もちろんのこと、アメリカとの戦いの責任は東条英機が負う。だが、梅津美治郎と東条英機を追放することで、戦争責任の問題をそこで食い止めることができると近衛は考えていない。前に述べたとおり、天皇の退位が不可欠だとかれは思ってきている。

二カ月前の四月二日のことに戻る。細川は富田と、近衛が取り上げた天皇退位についてしばらく語り合ったが、これはそれまでに論じたことのない問題だったのであろう。細川、富田だけではない。だれひとり天皇の戦争責任の問題を口にしたことはない。天皇の退位を説いてきたのは近衛ひとりだ。かれが天皇の退位をはっきりと説いて、口がすぎる、滅多なことを言うなと非難されないのは、なんといっても、アメリカと戦うことに反対した首相だったということ、そして藤原鎌足からかれまで四十六代つづき、皇室ともっとも密接な家柄であるという家系の重みがあってのことだ。

天皇にもっとも近いといえば、当然ながら皇族たちがいる。だが、うっかりこの問題を口にすれば、その噂は千里を走り、なにを考えているのかと痛くもない腹を探られることになると承知しているから、うかつに喋ることはできない。陸軍は三笠宮を擁立する肚だなどというおどろおどろしい話を海軍幹部が持ってまわっている世の中なのだ。(4)口にだすことはできないながら、日本の君主制度はどうなるのかという不安は皇族だれもの胸中から離れないことは前にも記した。天皇退位の問題はかれらがずっと考えてきたことだ。

たとえば昨年二月、高松宮は曖昧な言い方ながら、つぎのように日誌に記した。「今時局の困難に直面し、将来如何なる事態となるも愈々天皇の御資質、英明にまつこと大なるを思えば、未だ幼き東宮様の御身の上には実に容易ならぬ御苦労を願わざるを得ざるなり」[5]

その五カ月あとの昨年七月には、近衛は木戸と東久邇宮に向かって、和を講じる前に、天皇は退位し、皇太子が皇位を継承し、高松宮が摂政となる必要があると説いたことは、ほかの皇族たちの耳にもたちどころに伝わり、かれらを考え込ませたはずであった。

ではあっても、皇族がこの問題を天皇に向かって直接に語るとなれば、「最悪事態の処置を促進すること」と三月二日に皇族のひとりが言上したのが精一杯である。

重ねていうが、天皇の退位を口にしてきたのは近衛文麿ひとりなのである。

なぜ近衛がそれを説いてきたのかはすでに述べたが、まだ付け加えなければならないことがある。これを語る前に、アメリカとの戦いをはじめてから現在までのこの三年間、近衛の胸中には怒りが渦を巻いてきていることから語らねばならないだろう。

近衛がなにに怒っているかは前にも記した。政治家が、軍人が、役人が、企業家が、ソ連に和平の仲介を頼めばよいと密かに語っていることに怒り、日本はソ連型の国になるのが望ましいと得々と説いていることに、日本は自己保存本能を完全に失ってしまったのかと怒ってきた。[6]もちろん、かれは木戸幸一がスターリンを頼りにしての和平案をつくり、今日、天皇にそれを提示する予定であることを知らない。

近衛のさらに大きな怒りは、日本をこの惨憺たる状況に陥れた軍人、政治家たちにたいして向けられている。

当然ながら、かれはかれ自身にたいする批判、非難の声が小さくないことを承知してきている。昭和十三年夏の漢口攻略の前に戦いをやめさせなかったこと、昭和十五年九月に三国同盟を結んでしまったこと、これらが小さな失敗や手ぬかりではなく、大きな誤りであったことはかれ自身はっきり思っているし、人びとの前で自分の非を認めたこともある。

だが、私の言うことを聞いてほしいという気持ちがかれにはある。かれはつぎのように弁明することになる。

私はアメリカに和解を求めようとした。ルーズベルトと首脳会談を開き、支那事変そのものの解決を約束しようとした。三国同盟を形骸だけのものに変えてしまおうとした。ところが、アメリカは首脳会談に応じなかった。やむをえず、私は陸軍の譲歩をとりつけようとして、陸軍大臣と交渉を重ねた。ところが、かれはどうしても私の言うことに従わなかった。

私のことを優柔不断だ、「ストロング・ウィルがない」「ふわふわしている」、なにごとも受け身だといった非難は、昭和十二年、十三年にはそのとおりだったかもしれない。北支那で戦いを終わりにできなかった。つぎに昭和十三年の夏に戦いをやめることができなかった。だが、昭和十六年のことを指して私を非難するのなら、まったくあたっていない。私は全身全霊、できるかぎりの努力をした。

言うまでもなく、総理大臣と各国務大臣はそれぞれ同じように天皇を輔弼する権限を持っている。憲法が定めるとおり、総理大臣と各国務大臣は個別に天皇を輔弼するのだから、内閣は多数決で事を決めるわけにはいかない。必ず全員一致でなければならない。私はアメリカと戦いを避けようとして、陸軍大臣に譲歩を求め、説得に努めた。だが、陸軍大臣が支那からの撤兵に反対をつづけたのは、当然といえば当然だった。陸軍には陸軍の主張があり、陸軍の名誉、誇りがあった。

陸軍が折れるためには、参謀総長と陸軍大臣にたいして陛下の声涙倶《せいるいとも》にくだるお言葉が必要であり、その上で、表拝謁間か、それとも東一の間で御前会議を開催する必要があった。それ以外に解決の方法は皆無だった。

そこで肝心なことを言うなら、海軍大臣、外務大臣、企画院総裁、商工大臣、さらには重臣の一人ひとり、枢密院議長、そして内大臣、だれひとり私の側につこうとせず、アメリカとの戦争を回避するために指一本動かそうとしなかった。

その結果はどうか。数百万の若者が無残な犠牲となり、それればかりか数十万の老人から女子供までが焼き殺され、数百万戸の家が火の海に呑まれ、病院が灰となり、寺院、学校が焼かれてしまい、挙げ句のはてに、陛下をタクラマカン砂漠に流刑する、日本を徳川時代の四つの島に引き戻してやると言われ放題のありさまとなってしまっている。

私は昭和十六年に頑張っただけではなかった。私は戦争の終結を一刻も早くと考え、陸軍の首脳陣を代えて戦いを終わりに持ち込もうとする計画を繰り返し説いてきた。だが、またも重臣、内大臣、お上、だれもが逡巡し、尻込みした。

私は戦争をやらせまいとした。私は戦争をやめさせようとした。だが、私の努力はいずれもむなしく終わった。

近衛の怒りは当然だった。

なるほど、政治家のなかには怒っている者はほかにもいるだろう。昭和十七年の総選挙で執政党の選挙干渉に自分のグループがメッタ打ちにされた衆議院議員の鳩山一郎、この権威主義的な政治体制を批判して、何回か痛めつけられた衆議院議員の尾崎行雄、陸軍のごまかしと偽善的なたてまえを批判したがためにさんざん非難悪罵を浴びたこれも衆議院議員の斎藤隆夫、かれらの胸中にも当然ながら怒りがあろう。だが、かれらは自分は正しいことをしているのだという自負と自分は正しいことをしたのだと自分に語るだけのことをしたにすぎない。首相として、重臣として近衛がやってきたこととはちがう。

そして、近衛の大きな怒りに油を注ぐのは、戦争責任者にかれの名が挙げられることであろう。

すでに述べたとおり、かれは自分がしっかりしなかったために支那事変を拡大させてしまったのだという批判を受け入れている。お前は女にだらしがないから、右翼に弱みを握られて脅され、華北の戦いを終わりにできなかったという非難にたいしては、(7)かれは苦笑いを浮かべて否定するか、不徳のいたすところだと答えるか、どのように答えるかは知らないが、お前は戦争責任者だと言われれば、顔色を変えることになろう。

二カ月前の四月一日、元気だった清沢洌が松本烝治と話し合った。

松本烝治について述べておこう。かれは六十七歳になる。東京帝大を卒業後、農商務省に勤務するかたわら、大学院で商法を勉強し、商法の学者となった。商法、会社法の改正をはじめ、多くの法律の立法にかかわった。山本内閣の法制局長官、斎藤内閣のときには商工大臣をやったことがあり、いくつもの大学で教えたこともあり、弁護士でもある。貴族院勅選議員だ。松本は清沢の情報分析力を高く買ってきた。清沢の死とともに夭折してしまった日本外交史研究所の発会式に松本が出席したことは前に記した。(8)

戦いは秋までつづくまいと予測する松本は、戦争終結の方策として、沖縄方面で敵に大打撃を与えて和平の時機をねらうのがいいと言った。

肝心な戦争責任者の問題になる。清沢は日記につぎのように書いた。「戦争責任者として東条、近衛、松岡、木戸の四人は免れぬと松本博士はいう」(9)

清沢の脳裏には天皇の名が浮かんだはずだ。だが、これを口にしなかった。松本の胸中にも天皇のことはあったにちがいないが、戦争責任者のリストに加えるつもりはまったくなかった。

戦争責任者に近衛を挙げるべつの例を記そう。情報局総裁の下村宏が鈴木貫太郎首相宛ての遺書の末尾につぎのように記したことは前に述べた。[10]

「三国同盟及大東亜戦に干與せる左記重臣は事ここに至る宜しくその進退を明にすること。

近衛公爵
東条大将
杉山元帥
嶋田大将
永野元帥
松岡元外相」

もちろん、近衛は松本蒸治や下村宏がかれを戦争責任者に挙げていることを知らない。だが、前に述べたとおり、かれの戦争責任を口にしている人びとがいることをかれは承知している。昭和十六年十月にかれが首相を辞めたのも、面倒くさくなってすべてを投げ出したのだと非難されていることも、かれは聞き知っている。

こういうことだ。

近衛内閣が総辞職をして、後継首班を選ぶ重臣会議が開かれた。前に記したが、高木八尺が近衛の連任を求め、けっして軍人内閣をつくってはならないと説いた書簡を木戸幸一に届けた昭和十六年十月十七日のことだ。近衛は重臣会議に出席して総辞職にいたった経緯を説明するようにと内大臣から言われていた。近衛は出席しなかった。かれは対米交渉の経緯、対米開戦にたいする自分の考え、陸軍の主張、海軍の見解を記し、四百字詰め原稿用紙にして九枚の、詳細な内容の文書を提出した。木戸は近衛内閣総辞職までのいきさつを説明したあと、近衛のこの文書を読みあげ、さらに東条英機陸軍大臣を後継首班に推したいと説き、そのあと各重臣の質問に答えた。

岡田啓介が、今回の政変の過程から見て、陸軍が倒したと見るべきであり、その陸軍を代表する陸相に大命が下るのはいかがであろうかと言った。

木戸はこの見方に反対した。「今回の政変は、米内内閣のときの畑俊六陸相のとった態度とは異なるので、ことの真相を見れば必ずしも陸軍のみの責任であるとは言えないように思う」と言った(11)。木戸は言葉をつづけて、近衛にさらに努力するようにと説いたにもかかわらず、かれが突然に辞めてしまった、私はひどく驚いたのだと強調した。その日、外務次官の天羽英二は重臣会議から戻った広田弘毅から話を聞き、日記につぎのように記した。

「午後一時乃至五時四十分重臣会議　木戸内府日米交渉説明（近衛公欠席経過木戸代わり説明）内閣は東条が壊せしに非ず　木戸が纏《まと》めんとせしを近衛が辞職の方に進む……故に陸軍にて引受くる必要　東条大命降下の意見を述ぶ(12)」

広田は近衛の書面による説明よりも木戸の説くことを信じたからこそ、「内閣は東条が壊せしに非ず」と思い、天羽にそのように語ったのであろう。そして、広田は近衛はまたも面倒になって内閣を放り出したのだと理解したのだし、天羽は日記に記さなかったが、かれも近衛の無責任な所業だと思ったのである。

ほかの重臣たち、阿部信行、原嘉道も、広田と同じように木戸が語ったことを信じ、かれらから話を聞いた人びとも、近衛公は責任感が欠如している、気にいらないことがあるとすぐに寝込んでしまった昭和十三年の最初の首相時代と変わりない、あまりにもいい加減だと思ったのかもしれない。

近衛はそうしたいくつかの噂を耳にして、ひどく憤慨した。かれの抱いているいくつもの怒りのなかで、これがかれの最後の怒りなのである。

だれもが勝利に浮かれていた昭和十七年のはじめから、近衛は友人に自分の辞任の理由を明らかにし、日米交渉の経過を語り、海軍上層部は開戦を欲していなかったことを説明し、陸軍大臣が中国からの撤兵に反対したのだと説きあかした[13]。近衛は辞任のいきさつを文書にまとめ、それを東久邇宮に見せもした。昭和十七年五月一日のことだった[14]。東久邇宮はアメリカとの戦いに反対だったのである。

昭和十六年十月　近衛と木戸

ところで、いまから一年三カ月前、昨年の二月末のことだ。近衛は昭和十六年十月十六日に天皇に捧呈した辞表の写しを近衛系の人びとに見せるようになった。永田町、霞ヶ関、市谷台は騒然とした空気に包まれていた。前に記したとおり、急速に悪化する戦局に思いあまった高松宮が天皇宛てに親書をだす、太平洋の中枢基地トラック島が敵の機動部隊に完膚なきまでに叩かれる、そして東条英機が統帥部総長の併任を発表するといったときだった。これも前に記したが、高松宮が皇室の前途を考え、皇太子が苛酷な運命を超克する賢明さと決断力を備えた君主に成長されることを希念したのも、このときだった。

近衛は自分の辞表の写しを人に見せるようになったといったが、ここで内閣退陣に際しての総理大臣の辞表について説明しよう。

内閣の退陣は、議会の反対、枢密院の反対によるということもあるが、五・一五事件のあと、議会の多数党の党首が内閣をつくることをやめ、各方面の代表を集めてのいわゆる挙国一致内閣をつくるようになってから、あらかたの総辞職は閣内の不統一が原因となった。ところで、総理大臣の辞表は抽象的に記すのがしきたりである。その理由を明示することなく、「国策遂行ノ方途ニ関シ遂ニ意見ノ一致ヲ見ルコト能ワザルニ至リタルヲ以テ、ココニ内閣総辞職ヲ……」と記すのが決まりである。

さて、閣内不統一がどうして内閣総辞職になるのかは前に述べたことがあるが[15]、もういちど説明しよう。

憲法は各国務大臣が個別に天皇を輔弼することと定めている。そこで閣議の決定は全員一致でなければならない。総理大臣と各大臣との関係は上下服従の関係にはない。それゆえに閣僚のうちひとりでも反対すれば、それが重要な問題でない場合、全閣僚の了解を得て断念することになる。だが、これが国の命運にかかわる重要な問題であったなら、総理大臣は異論を唱える閣僚を説得して意見を翻させるように努力をつづけなければならない。それでもその閣僚が自分の主張を押し通した場合、首相の職責である閣議における意見の一致を得ることができないことから、首相は閣内の不統一の責任を負って辞任することになる。内閣首班の辞任は必然的に内閣総辞職となる。

昭和十六年十月の内閣総辞職が閣内の不統一によるものだった。そして、首相の近衛はその辞表に「国策遂行ノ方途ニ関シ遂ニ意見ノ一致ヲ見ルコト能ワザルニ至リタルヲ以テ」と記すことなく、閣内の不統一の原因がなんであるかをはっきりと記した。「米国トノ友好関係ヲ調整」するために、「支那事変ノ急速ナル解決」を求め、陸軍大臣に「撤兵」を「四回」にわたって説得したが、ついに「同意」せしめることができなかったと記述していた。

近衛からその辞表の写しを見せてもらった人たちのことになる。

昨年二月二十三日に細川護貞は高村坂彦に会った。現在、高村は大阪府警察局長だが、そのときは内務省国土局の総務課長だった。前に記したとおり、かれは第二次、第三次近衛内閣時代に首相秘書官をやったことがある。第二次近衛内閣の内閣書記官長となった富田健治の推薦だった。こうした関係から高坂は近衛グループの一員だ。なかなかの熱血漢である。山口県の出身、四十二歳だ。細川はずっと若い。三十二歳だ。

富田のことも述べておこう。内務省の警察畑を歩き、各県の警察ポストを歴任したあと、内務省保安課長、警保局長、そして長野県知事となった。昭和十五年七月、第二次近衛内閣の発足のときに内閣書記官長に選ばれた。近衛自身の指名である。そのとき富田は四十二歳だった。前に何回も言ったとおり、そのあとずっと近衛の側近第一号である。柔道四段、体重は七十キロあったのが、さすがにだいぶ痩せている。

細川は近衛から借りてきた辞表の写しを高村に見せた。おそらく高村はその写しをとったのであろう。二人は語り合い、昭和十六年十月十六日に近衛公が総辞職し、翌十七日の重臣会議で木戸内大臣は後継首相に東条大将を推薦し、強引に重臣たちの反対を封じたことを批判して、木戸侯は輔弼の責任を全うしなかったのだと説いた。

開戦を主張する東条英機を首相とするにあたって「戦争をなさざる条件」をつければ足りるということで大命を下すように奏上したのは内大臣の致命的な誤りだった。それでは陛下の選択は開戦論者の東条に下ったと解釈できることになる。なによりもまず、和平論者の近衛に大命を下し、陛下のお考えがどこにあるかを明らかにするように木戸は輔弼すべきであった。このように語り合った[16]。

その辞表を近衛から見せてもらったひとりに志賀直哉がいる。かれはどう思ったのであろう。次期首相を選ぶ重臣会議で木戸が主導権を握り、一方的に東条を選んだということを志賀は承知していたのであろうか。

近衛が天皇に捧呈した辞表の写しを多くの人に見せているという情報や報告は、当然ながら木戸幸一のところに届いていたはずである。木戸は近衛の考えていることがわかっていた。そして、近衛がそのような主張をつづけるつもりなら、行き着くさきで、自分と近衛とのあいだになにが起きるのかも想像がついていたはずである。

二人の仲は何回も記してきたが、もういちど振り返ってみよう。

木戸と近衛、華族集団のなかで突出したこの二人は、学習院、京都帝大時代から親しく、政治舞台に進出してからは協力してきた。だが、二人がそれぞれべつの助言者、支持者を持つようになって、二人の考えは一致しなくなった。木戸が団結を誇る長州中興閥を率いれば、近衛ははるかに数の多い政治家、将軍、高級官吏、学者を周囲に集めるようになって、二人は傍目にもわかるライバル意識を抱くようになった。そして、二人の外交・軍事の考えの違いがかれらのあいだを裂き、昭和十六年十月、ついに正面衝突した。

その衝突は、表向きは首相近衛と陸相東条とのあいだで起きた。すでに記したとおり、近衛が「米国トノ友好関係ヲ調整」するために、「支那事変ノ急速ナル解決」を求め、陸軍大臣に「撤兵」を「四回」にわたって説得したが、ついに「同意」せしめることができなかったのである。

ところで、その間に近衛は、内大臣の木戸に向かって陸相との対立の理由を詳しく説明し、天皇にたいしても内奏を繰り返していたのだから、木戸と天皇はすべてのことをはっきりと承知していた。戦争を回避できるかどうかの瀬戸際だった。木戸は天皇に助言をしなければならず、前に記したように、天皇は参謀総長に内示を与え、その上で、東一の間における御前会議を開催しなければならなかったのである。

だが、木戸は中国からの撤兵には反対だった。どうしてかれが中国撤兵を決断できなかったのか。これは前に詳しく説明したばかりだから[17]、ここでは述べない。そして、天皇も木戸と同じ考えだった。

ルーズベルトが英国、オランダと組んで日本にたいして全面的な経済封鎖をおこない、日本に中国からの撤兵を求めているのにたいし、天皇が中国からの撤兵に反対であれば、アメリカとの戦いを回避することは至難だった。東条英機を首相とするにあたって「戦争をなさざる条件」をつけたのは、内大臣のその場かぎりのごまかしにしかすぎなかった。

さて、木戸が自分がやったことを忘れていられたのはごくごく短い期間だった。はたしてこの戦争に勝てるのだろうかと戸惑い、とても勝てないのではないか、負けてしまうぞと思うようになって、昭和十八年の八月から十月まで木戸は眠られない夜がつづいたことは何回も記した。[18] そして、戦争責任者処罰の問題が木戸の脳裏に浮かぶようになり、そうなれば近衛の姿が現れることにもなった。

そして前に述べたばかりだが、木戸は近衛が辞表の写しを人に見せていると聞き知り、さらに東条内閣崩壊の直前には、かれに向かって、いよいよというときには陛下に退位していただかねばならないと説くにおよんで、かれは黙ったままであったろうが、怒りでうなじが熱くなる思いだったにちがいない。

木戸は近衛以外の人びとには自己弁護に努めた。すでに記したように、昭和十六年十月十七日の重臣会議で、かれは重臣たちに向かって、「結局今日《こんにち》の癌は、九月六日の御前会議の決定である」と語り、広田弘毅のように、そうか、そうなのか、近衛公の失態なのだと思った重臣もいた。

木戸はそのあとも同じことを繰り返し語った。私が誤りを犯したのだとは、相変わらずの身勝手な公爵の言いぐさだ。昭和十六年九月六日、近衛公は「国策遂行要領」を決めてしまった。そのなかに「十月上旬頃ヲ目途トシ戦争準備ヲ完整ス」とあった。その

「国策遂行要領」をそのまま残して十月十四日に近衛首相は東条陸相とさらに協議することなく、私に相談することもなくぷいと辞めてしまった。いつもながらの無責任きわまりないやり方だ。導火線に火のついたダイナマイトを私のところに残してだ。

そして、木戸はだれかれにつぎのように弁解した。私がお上にお願いし、「国策遂行要領」を「白紙還元」ということにして、後継内閣をして戦争を回避させるようにしたのだ。精一杯頑張ったのは私なのだ。そのあとのことはいたしかたない。アメリカ側のハル・ノートがわれわれすべての努力を無にしたのだ。こんな具合に語ってきたのである。

だが、木戸は近衛に面と向かってこんなことが言えるはずもなかった。

それこそ、木戸が不眠症に陥った昭和十八年の夏から、かれはずっと近衛に引け目を感じてきたはずであった。できればかれは近衛に会いたくなかったし、近衛と顔を合わせるのは気が重かったにちがいない。ところが、近衛のほうはかまわず木戸を訪ねた。

昭和二十年五月　近衛と木戸

今年になって、一月三十日に近衛は木戸を訪問した。三番町の木戸の官邸で会った。この官邸は三月十日未明に焼かれた。近衛は木戸に向かって、統帥部長は飾りたてた戦いの見通しをお上に言上してきている。お上は統帥部長を呼び、一つひとつ問い詰められてはどうかと言った。木戸はまだそのようなときではないと答えたが、いったい内大臣はお上にどのような助言をしてきているのだと言われたも同然で、木戸はこたえたはずだ。

二月十四日に近衛が上奏したときには、侍従長に代わって木戸が侍立《じりつ》した。近衛がなにを奏上するのかを自分の耳で聞こうとして、また余計なことを上奏させないがためだった。

三月二十七日には小磯内閣の改造問題で意見を交わした。近衛は木戸が小磯内閣を支持するつもりかどうかを知ろうとしたのである。そして、四月五日には小磯内閣退陣後の後継首班を決めるための重臣会議で顔を合わせた。

いちばん最近は五月五日に近衛は木戸の家を訪ねた。すでに繰り返し述べたが、もういちど詳しく語ろう。

赤坂区新坂町の木戸の邸は四月十四日に焼かれ、和田小六の空家になった貸家に仮住まいをしていたときだった。その家も焼かれ、現在、木戸夫婦は和田の邸に同居していることは前に述べた。近衛が木戸に会おうとしたのは、吉田茂が憲兵隊に逮捕されたことに木戸がかかわっているのかどうかを探ろうとしてのことだった。

近衛は、上奏の内容をだれが陸軍に洩らしたのかとまずは問い、つづいて上奏の内容を陸軍が問題にするのであれば、重臣としての職務の遂行はできぬと言った。陛下に意見を奉ることはわれわれの任務と考えているのに、それにたいして憲兵が干渉するのを陸軍大臣は黙って見ているのか、また宮中もこれを傍観しているのかと問うた。

　私のほうから洩らしたのではないと木戸が弁解した。近衛は阿南惟幾と会って談判すると言った。待ってくれ、事を荒立てるのはよくない、自分が陸相に話すと木戸は言った。

　木戸が防戦一方となっているのにつけこみ、近衛はもっとも重大な問題を語りはじめた。

　海軍大臣が国策を転換せざるをえないと切りだしたとき、陸軍大臣が反対すれば、たちどころに閣内不統一ということになってしまい、内閣総辞職とならざるをえない。米内は犬死にで終わってしまう。海軍大臣と内大臣が密接に連絡をとりあっていなければならない。近衛はこのように説いた(19)。

　これは前に述べたことだし、このあとのことも前に記した。

　近衛は何気ないふうに喋ったのだが、三年半前のこと、昭和十六年十月半ば、「総理大臣と内大臣が密接に連絡をとりあって」いたのであれば、今日このような惨憺たる状況になるはずはなかったのだと語ったも同然であり、木戸にしてみれば、自分の傷に塩をなすりこまれる思いだったにちがいない。

　木戸は、近衛が海軍大臣との連絡を緊密にしてほしいと説くのに、うなずくほかはなかった。近衛はさらにたたみかけた。いったい陛下の思し召しはどうなのかと問うた。天皇の考えは大きく変わられたのだと木戸が答えたことは、これも前に何回か記した。

このことをもう少し詳しく述べよう。

天皇が木戸に向かって、戦争責任者の処罰も容認するほかはないとはじめて語ったのは五月二日だった。

だが、木戸はその日の日記につぎのように記しただけだった。「十一時三十五分より十二時十分迄、更に一時五十分より同五十五分迄、御文庫に至り拝謁、独総統薨去等の情報に伴い内閣の執れる方針につき、外相の依頼により大体を奏上す(20)」

「外相の依頼」と書いたのは事実だったのであろうか。どうして外相の東郷茂徳は自分で奏上しなかったのであろう。

外務省がヒトラーの死を告げるニュースを知ったのはその日の朝五時半だった。東郷茂徳は考えをめぐらした。天皇にこれを奏上しなければならなかった。かれは天皇に、このさきのドイツの見通し、日本がとらねばならなくなる外交手続きを奏上するだけではなく、内閣はなにをしなければならないかを天皇に言上しなければならないと考えたのであろう。ひとまず、内大臣に相談しようとして、かれは宮内省の木戸の執務室を訪ねた。

かれは木戸につぎのように語ったのではないか。四月二十一日に陛下は私に向かって、

「戦争が早く済むとよいね」と仰せられた。[21] 陛下は私に謎をかけられたのではないかと拝察した。ヒトラー亡きあとのドイツが降伏するのはこの数日うちのことであろう。戦いをつづけるのは日本一国だけとなってしまう。ドイツと約束した単独不講和の制約もなくなる。ドイツのように分割占領されるまで戦いつづけることを陸軍に許してはならない。今日こそ戦争終結のために踏みだすときがきたことを言上しなければならないと思う。

木戸はよくわかったと答え、お上には私から申し上げると言ったのではないか。そして、木戸は天皇に向かって、東郷茂徳が説いたことを、自分の考えととりまぜて言上したのであろう。

天皇がどのように答えたかは、木戸は日記には記さなかった。それから三日あとの五月五日、木戸は近衛に向かって、「陛下は全面的武装解除と責任者処罰の問題もやむなしというお気持ちになられた」と語った。木戸ははたして天皇の言葉を正確に近衛に伝えたのかどうか疑わしいということも前に記した。

そのとき木戸は近衛に押されっぱなしだった。木戸は近衛から、吉田茂の逮捕は私の上奏と絡んでいるのだから、宮廷がかかわる問題であるにもかかわらず、内大臣は陸軍大臣に抗議ひとつしないのはなにごとかと間接的に論詰され、三年半前に私への大命再降下を図ることをしなかった重大な責任が内大臣にはあるのだぞと、これまた言外の非難を浴びせられた。さらにたたみかけて、「陛下の思し召しはどうなのか」と問われた。ここで曖昧な返事をすれば、ドイツが滅亡するいまになってなお、まだお上に降伏のご決意を促すことをしていないのだと喋ってまわられるのを恐れ、木戸はおおげさに言ってしまったということはありうる。

肝心なことを言うなら、天皇は木戸に向かって、戦争責任者処罰の問題も受け入れるつもりだという私の決意を首相に告げよ、海軍大臣に知らせよ、陸軍大臣にも伝えよとは言わなかった。前に述べたとおり、天皇はぎりぎりの決断をしていなかったのである。

そのことは、そのあとに起きたことではっきりする。近衛は米内光政に向かって、木戸にたいして宮廷は海軍大臣と密接に協力すべきだと求めたところかれはうなずいたと伝えた。だが、米内はそれを聞いても、木戸を信頼していなかった。だからこそ、おそらく五月二十九日のことであったろうが、宮内大臣の松平恒雄が木戸の更迭を米内に相談したとき、かれは賛成したのである㉒。

松平恒雄と米内光政が心の底で考えていたことは、前にも語ったが、木戸はこの戦争をはじめてしまった責任者だ、そこで陛下にははっきり降伏しなければならないと申し上げることがかれにはできないと見ていたのである。

さてもういちど、二カ月前の四月二日午後の細川護貞と富田健治の話し合いに戻る。

アメリカに降伏を申し入れるに先立ち、ほんとうに天皇の退位は必要なのだろうか。

酒井中将の考えを聞こうということになった。細川が小田原まで行くことにした。酒井鎬次はそこに疎開している。

酒井は五十九歳になる。かれについては前に記したことがあるし、[23]「戦うクレマンソー内閣」を翻訳し、昨年十二月に出版したということも前に記したばかりだ。

もう少し加えよう。昭和九年に日本でただひとつの機械化旅団が関東軍のもとに創設された。昭和十二年七月に酒井はこの旅団を指揮して北平に進出した。ところが、八月に関東軍参謀長だった東条英機がそのポストにとどまったまま軍司令官になるという珍しい措置をとった。かれは関東軍三個旅団を指揮し、内蒙古での戦いで酒井機械化旅団を使おうとした。東条と酒井が機械化旅団の運用をめぐって衝突した。東条に機械化部隊のことがわかるか、と酒井が公然と批判した。

機械化旅団は各隊がバラバラに使われる羽目になった。そして、戦車は故障なしに自力で長距離を移動できないという基本的な知識を東条は欠いていたがために、なんの成果もあげることができなかった。

酒井の旅団は満洲に戻り、解散させられた。東条の感情的な怒りがさきに立ってのことだった。そして、東条が中央に戻ってのことになるが、昭和十五年一月に酒井は予備役に編入された。酒井の歯に衣着せぬ東条批判の結末だった。[24]

アメリカとの戦いがはじまり、酒井は召集されて参謀本部に勤務することになったが、昨年七月十一日に召集解除となった。第二十班長の松谷誠が支那派遣軍参謀に転勤させられてから八日あとのことだった。来春には戦争を終わりにすることを決意しなければならないという計画案を松谷誠が参謀次長に提出したことは前に述べた(25)が、その背後に酒井がいると思われてのことだった。近衛系の人びとが酒井の家に出入りしていることも、酒井から戦いの実態が近衛に洩れると警戒されて召集解除の理由となった。

近衛グループが酒井に接近するようになったのは、昭和十六年三月に酒井が公刊した「戦争指導の実際」という著書が近衛内閣の厚生大臣の安井英二や内閣書記官長の富田健治に高く評価されたのがきっかけだった。現在、酒井は近衛の軍事・外交顧問といった存在である。同じ小田原市内の入生田《いりゅうだ》にある近衛の別邸を訪ねる近衛系の人びとは、その行き帰りに必ず酒井家に立ち寄り、かれの歯切れのよい軍事論に耳を傾けてきた。

細川が酒井の家に着いたのは午後八時過ぎだった。酒井は近衛から天皇の退位の問題を前に聞いたことがあると語り、そんなことをする必要はないと言った。「それは無理だ。外国もそんな無茶なことは言わぬから、そのままでいいではないか」と語った(26)。

富田健治は細川護貞から酒井鎬次の考えを聞いてどう思ったのであろう。

近衛と天皇とのあいだにあるたいへんに微妙な問題を近衛グループのなかでだれよりもよく承知してきたのは、富田以外にいない。昭和十六年十月十六日、近衛が天皇に提出した辞表を型どおりのものにしなかったのは、そのとき内閣書記官長だった富田の勧めがあったからだ。まさしく日本は歴史の分岐点に立ち至っている、この辞表は歴史の重大な証言となると近衛も考えた。近衛の口述をもとに辞表を執筆したのは富田だった。(27)

富田は辞表の背後にある問題を承知しているだけに、近衛が天皇の退位を説きはじめてから、かれの胸中には不安がわだかまり、その不安がふくらんできているはずである。つぎのような心配だ。

酒井将軍が語るとおり、アメリカは天皇の戦争責任をとりあげないかもしれないが、敗戦のあと、アメリカは近衛公に戦争責任があると言いだすのではないか。日本人のあいだでも、なにも知らずに近衛公に戦争責任があると語っている人たちがいる。アメリカの検察機関は近衛公を戦争責任者に指名して、取り調べをすると要求してくるかもしれない。

そこでまことに難しい問題が起きると富田は考えたにちがいない。

近衛公は昭和十六年十月十七日の重臣会議に病気を理由に出席せず、書面を提出した。会議に出たならば、重臣たちの質問に答え、近衛公は宮廷と自分の考えとが大きく異なることをはっきり説明せざるをえなくなる。この触れてはならない、きわどい問題は曖昧にしておかねばならないと近衛公は判断して出席しなかったのだ。

だが、近衛公はアメリカの検察機関の尋問官の取り調べを病気を理由に拒否できないだろう。つぎのように言わざるをえなくなる。

私は支那事変を拡大させてしまったことに責任があり、三国同盟の締結にも責任があることは認める。だが、私は太平洋の平和を願い、アメリカと戦争を回避するための外交交渉をつづけようとした。支那事変の解決をアメリカに約束しようとしたのは私なのだし、三国同盟を死文化してしまおうとしたのも私だったのだと説くことになり、グルー前駐日大使が私の証人だと言うことになろう。

そこで、中国からの撤兵に反対し、支那事変の解決、三国同盟からの離脱どころか、アメリカと戦うことに踏み切る道を事実上選んでしまった内大臣の戦争責任問題が浮上してこよう。だが、戦争責任の問題は内大臣だけでくいとめることはできないのではないか。

このように考えるからこそ、近衛公は陛下の退位を説くのだ。

富田健治はこんな具合に考えるのであろう。

木戸幸一はどう考えているのだろう。

近衛が昭和十六年十月の辞表の写しを持ってまわっていること、さらに自分に向かって、お上は退位しなければならないと説いたこと、おそらくほかでもそんなことを喋っているにちがいないと思うとき、前に見たとおり、行き着くさきで、自分と近衛とのあいだに、そして、お上と近衛とのあいだになにが起きるのか、木戸ははっきり想像できるのであろう。かれはこうしたことを考えるたびに、自分とお上がやることはただひとつと思ってきたはずである。

どうあっても自分はお上をお助けして、この戦いを終結に持ちこまなければならない。これをやり遂げて、昭和十六年十月、十二月の過ちをいくらかでも取り戻さなければならない。かれはだれにもそんなことを言わないし、日記に書きとめることもしないが、間違いなくこれがかれの考えてきたことなのである。

だが、五月のあいだかれはなにもできなかった。やっとのことで戦争の終結に取り組む構えをみせた。それがなぜなのかは、前に述べたし、このあとさらに語らねばならないだろう。

南原と高木が考えたこと

東大教授の高木八尺と南原繁が六月一日に内大臣、木戸幸一に自分たちの考えを述べたことを記さなければならないが、その前にかれらが描く戦争終結の計画から語ろう。

南原と高木は大学中央図書館で協議してきた。館内で本を読んでいる学生はいない。司書官と司書、わずかな人びとが働いているだけだ。書庫の本を疎開する仕事だ。本を木箱に入れ、梱包している。すでに百箱以上になる。山梨県の市川大門町に住む蔵書家だった金持ちの土蔵づくりの書庫を借りることができ、昨年八月に木箱三百箱を送った。

貨車二輛分だった。そのあとはどうにもならなかった。二回目の積み出しはやっと今月下旬にできることになっている。貨車一輛しかまわせないという。小さなリヤカーに木箱二箱を載せ、自分たちで秋葉原駅まで運んでいる。

法学部、ほかの学部もそれぞれの研究室の図書の疎開に懸命だ。どこも何人かの教官を図書疎開責任者に選び、かれらは縁故を求め、候補地を探し、長野や山形にでかけているのは、工場疎開の責任者とまったく同じである。

図書疎開の問題は毎回の教授会で必ず議題になるが、なかなか進展がないのは、これも工場疎開と変わりない。残っている病弱な助手、大学院特別研究生が梱包している。貨車の割り当てを得るために教官が駅にお百度を踏む。駅までは助手と学生が運ぶのは当然として、送ったさきの駅にも人手がないから、これも助手と学生の仕事となる。かれらの乗車券を入手するために教授は伝手を探し、またも駆けずりまわることになる。

それでも法学部の図書疎開はうまくいき、長野県下伊那郡伊賀村の農家に分散して預け、ほかに会津高田の豪農の米蔵に疎開し、千葉県野田市の私立図書館にも預けることができ、法学部の書庫はあらかたが空棚になっている[28]。

高木と南原の図書館二階での討議は、アメリカ政府の極東政策の決定に大きな発言権を持つにちがいないジョゼフ・グルーのことを論じたのであろうことはすでに述べた。日本派と呼ばれるグルーがソフト・ピース派であることも、かれらは承知している。

日本派が登用されたのは、戦争を早期に終わらせたいというルーズベルトの意思があってのことだとも推理したはずである。

これも前に述べたが、太平洋問題調査会のこの一月のホットスプリング大会での論議もとりあげたのであろう。中国派、ハード・ピース派の主張が多数を占めていたということも論じたにちがいない。中国派の巻き返しが起き、日本派が国務省を追われることも起こりうると二人は予測したのであろう。

また高木はつぎのようにも説いたにちがいない。日本の行政府、軍機関もそうだが、アメリカの政府機構も屋上屋を架し、同じ問題を取り扱う機関が競い合っているようだから、国務省が日本派によって占められていると思っていても、陸軍に新設される日本占領の研究機関、委員会がハード・ピース派によって牛耳られるようになり、いつか対日政策の主導権を国務省のソフト・ピース派から奪うことだって起きる。南原はうなずいたのであろう。

この三月から四月、南原と高木の二人は法学部のほかの教授たちとも語り合った。田中耕太郎、我妻栄《わがつまさかえ》、岡義武《おかよしたけ》、末延三次《すえのぶさんじ》、鈴木竹雄とべつべつに意見を交換した。ドイツ降伏のときには、日本も降伏しなければならないということで意見の一致をみた。

政治家や外交官、大新聞の政治部長、だれもが密かに語っているソ連に和平の仲介を求めるという考えに南原と高木は反対だった。アメリカに直接、申し入れるべきだと考えた。田中耕太郎、我妻栄、岡義武もうなずいたのかもしれない。

そして、内大臣の木戸幸一をよく知る高木、法学部を代表する南原、この二人が直接、内大臣、重臣、外務大臣、海軍首脳を説いてまわることになった。

もっとも、伊東に若槻礼次郎を訪問したときには、南原繁は田中耕太郎と行った。若槻は大蔵省の出身、大正十五年から昭和六年まで首相だった。慶応二年二月の生まれ、七十九歳になるが、かれの頭脳は柔軟である。南原と田中は三時間にわたって話したが、若槻にたいする評価は低かった。ほかに近衛文麿を訪ねる予定をしていたが、このときも田中は南原と一緒に行ったのだろうか。近衛はこの大学教授たちに自分の考えていることをなにも語らなかったようだ。重臣たちは弱いと田中は思ったのだった[29]。

伊沢多喜男にも会ったのだが、これは田中ひとりが行った。伊沢については前に何回か述べたことがある[30]。内務省出身の枢密顧問官だ。友人、故旧、郷党の面倒をよくみるが、名聞を求めず、清節を維持してきたとは多くの人が認めるところだ。政界上層部に少なからぬ影響力を持ってきた。昭和十六年に伊沢がアメリカと戦争をすることに反対し、首相の近衛を支持したことは田中も耳にしていて、伊沢を無能からも、鈍感からも遠い人物と期待をかけていたのなら、この訪問でひどくがっかりしたはずであった。

四月七日に四時間にわたって意見を交換した。伊沢はアメリカ人は日本人に強烈な差別意識を持っていると語り、降伏すれば日本人はアメリカインディアンと同じ境遇に突き落とされてしまうと説き、一億一心、戦いつづけなければならないと主張した。日清戦争以前の状態に蹴落とされても皇室と八千万の国民を残して再起を図るべきだという考えを、伊沢は甘い見通しだと反対した。もっとも、ソ連に和平の仲介を求めることには賛成だった。

田中と伊沢の意見が一致したのは、たまたま二人が天野芳太郎《よしたろう》を知っていて、まことに精力的、才能あふれる人物だと評価したことだけだったにちがいない。

天野は南米でひろく事業をしていたが、昭和十七年に交換船で帰国していた。田中は中南米を旅行したとき、昭和十四年にパナマで天野に会って以来の知り合いだった。天野は昨年六月に「アラウカノ族の如く」という題の本を出版した。アンデスのアラウカノ族がスペイン軍と戦いつづけた歴史を描いた講談調の本である。とことん戦いつづけなければならないと説いてきた伊沢はこの本に感銘を受け、天野と会ったばかりだった。[31]

田中から話を聞いた南原と高木も、敗れたら、日本民族は「エクスタミネート」される、根絶されると伊沢が説いたというのに驚き、つぎの首相には宇垣一成が有望だと言ったというのにもういちど首を傾げたのではないか。宇垣大将はどう考えているのだろうと考えたにちがいない。

南原は五月四日に矢部貞治と話し合った。矢部はいうまでもなく同じ法学部の教授である。かれは昭和十五年から海軍省の嘱託であり、海軍省軍務局に協力してきたから、かれの考えを聞き、かれから海軍首脳を紹介してもらおうという算段だった。南原はつぎのように語った。ドイツの脱落は明日、明後日であろう。沖縄も大局的には至難の情勢だ。国家の前途に深甚な考慮が必要だ。自分が役に立つのなら、ドイツの轍を踏まないようになんらかの処置にでるようにと政府首脳を説得したい。そこでだが、海軍はどう考えているのか(32)。

矢部は南原が戦争終結のために行動することに賛成したのであろう。だが、海軍は現時点で戦争をやめると口にだせないのではないかと言ったにちがいない。

五月七日に高木と南原は宮内省第二期庁舎に木戸を訪ねた。二人は戦局の見通しを語り、内大臣はどう考えているのかを知ろうとした。もちろん、木戸が自分の予測、自分の考えを語るはずはなかった。

南原繁はそのときには木戸幸一に言わなかったのであろうが、首相の鈴木貫太郎では戦争の終結はできないと思ってきている。

鈴木貫太郎はだめだ、宇垣一成こそをと南原に説いたのは三土忠造だったのかもしれない。南原が自分は三土の門下生だと言ってきたことは前に述べた。三土は枢密顧問官時代の同僚の鈴木を見てきたから、かれが強硬派だと承知しており、かれではこの戦いを終わりにすることはできないと言ったのかもしれない。南原もそのとおりだと思ったのではないか。

三土忠造が高く評価してきたのは宇垣一成である。そして、宇垣も三土を買ってきた。貴族院議員の大蔵公望は宇垣の側近のひとりだが、政変が近いと噂が飛び交うようになれば、四谷内藤町の宇垣の邸を訪ね、組閣名簿をつくるのが決まりである。噂の段階で組閣名簿をつくるとは、はたから見れば滑稽だが、側近としての大蔵のもっとも大事な仕事だった。宇垣内閣ができれば、自分は内閣書記官長になるのだと考えてきた。そして、大蔵は宇垣の考えを承知してのことだが、大蔵大臣と書いた下に必ず三土忠造と書き入れたのである。

宇垣一成については前に何回も記したが(33)、もういちど繰り返そう。

宇垣は明治元年六月二十一日の生まれ、七十六歳になるが、いまなお現役である。昭和十七年末から昭和十八年にかけて、吉田茂が中心になって、宇垣を首相に推そうとした し、昨年九月には、首相の小磯国昭の依頼で、北京、上海を訪れ、重慶との和平の手がかりを探ろうとした(34)。この三月には翼政会を衣替えした新党の総裁の打診を受けもした。

宇垣は昭和六年から十一年まで朝鮮総督だったときから、次期首相と言われつづけてきた。これまで首相になったことがないからだと言えばそれまでだが、かれほど多くの人びとにいまこの政局を担当させたいと言われつづけてきた人はいない。

だが、かれは昭和十三年に外務大臣になって、なにもできないまま、わずか四カ月で勝手に辞めてしまい、多くの宇垣ファンをがっかりさせたことがある。昭和十三年五月から九月までの在任のあいだ、宇垣は国民政府との和平を望みながら、いまを逃して和平は達成できないという認識がまったくなく、和平交渉を推し進めようとしなかった。

もっとも、この十年間、九人の外務大臣がしてきたことを思い起こすなら、宇垣ひとりに厳しいことを言ってもはじまるまい。

そんな具合に思うからでもなかろうが、依然としていまなお宇垣を首相にと思う人が多い。かれであれば必ずや陸軍を抑え、この戦争を終わりにできるのではないかと考える人びとがかれに期待をかける。いったんはかれに大命降下がありながら陸軍の介入があってついに組閣できなかった昭和十二年一月の五日間、かれが横車を押す陸軍を相手にとことん粘ったその気力を買うからであり、かれが大正の末期に陸相だったときに軍縮を断行し、陸軍内の反対を抑えて四個師団を削減するという荒療治をやってみせた手腕を覚えているからである。

あるいは南原と高木はグルーが宇垣を「日本に於ける一流中のAクラスの人物である」と褒めたことも知っていたのかもしれない。[35]

五月十一日に南原と高木は宇垣に会った。宇垣はかれらの主張を聞いても驚かなかった。このさきどうしたらよいのだろうと尋ねる者、いますぐ和平を申し入れるのは反対だと説く者、重慶との和平はできないのかと問う者たちをかれはずっと相手にしてきた。

堂々とした体軀のかれは物柔らかな態度ながら、底力のある太いバスで話し、南原の話にしっかり耳を傾けた。
そのあと南原は「戦争終結の担当者は宇垣以外にない」[36]と同僚たちに語った。鈴木内閣を退陣させ、宇垣を首相にして、かれを助ける大物書記官長に三土をもってくる。これが南原の構想である。[37]
ところが、宇垣のほうは、「学者ハ全ク時ヲ識ルヲ要ス」と宋の名儒、程伊川《ていいせん》の言葉でも思いだしていたのであろう。日記のなかで二人を子供扱いにした。
「憂国の至情可掬。所論又可採あり。現実に即し之れが事実化するは政治家の働きである。而かも先生方の脳裏には平和平和であり、それも宜しい、併し夫れを現実化する方途は多岐であり多難である意味を話し置けり！」[38]
南原と高木は「夫れを現実化する方途」を宇垣に語ったのか。かれらの計画はつぎのようなものだ。すでに海軍は連合艦隊を失ってしまっている。本土の戦いは陸軍の戦いとなるから、陸軍は戦いをやめるとは言えない。陸海軍を分断することだ。海軍大臣と軍令部総長に敗戦は不可避と天皇に奏上させる。そして、戦争の終結は避けられないと表明させ、終戦の詔書を発布する。
五月十九日、南原は再び矢部と話し合った。その日の日記に矢部はつぎのように記した。

「南原先生が来られ、戦争終結に関する問題を話した。先生も一生懸命に憂慮していられるが、少し早すぎる」(39)

矢部は長いあいだ海軍省軍務局の幹部と付き合ってきたから、当然ながら海軍びいきで、陸軍を嫌ってきた。それでもかれは、南原繁の計画には反対だった。かれがグルーの「滞日十年」を読んでいないことは前に記した。それを読まなくても、グルーの構想が皇室と陸軍指導部とのあいだを引き裂き、陸軍を悪者に仕立てることで、皇室を和平へ引き込もうというものであることは承知していたのであろう。

敗北を受け入れるというかつて経験したことのない国の大事と取り組もうというとき、敵の戦略にしたがって陸軍を放りだし、海軍を利用するというような節義を欠いた方策をとるべきではないとかれは考えた。

それより数日前、五月十一日、十二日、十四日に最高戦争指導会議の六人の構成員だけの会議が開かれた。ソ連に和平斡旋を求めねばならないとは六人が六人考えていることであったが、いよいよ決めようとするときになれば、陸軍大臣の阿南惟幾が和平などとんでもないと言いだし、戦争を終結しなければならないと主張する海軍大臣の米内光政と激しく争い、首相の鈴木貫太郎が阿南の側に立ち、慌てることはないではないかという態度をとったのだった。

矢部も南原もそうしたことがあったとは知るよしもなかった。もしそうしたことを南原が耳にしていたなら、考えてきたとおりだ、宇垣内閣をつくり、つぎに海軍首脳が参内上奏をおこない、天皇に戦争終結のときがきていると言上すべきだ、これ以外に方法はないとあらためて考えたにちがいない。

だが、矢部は気づいていたであろうが、南原が知らなかったことは、アルミニウムの配分問題であれ、陸海軍合同の問題であれ、陸海軍が正面切って争うことになる死活的問題に天皇が介入し、裁定を下すことはありえないということだ。戦争を終わりにするという最重大事であれば、なおさらのことだ。内大臣は天皇に助言して、陸海軍のあいだで話し合いをして、陸海軍統帥部総長が並立して参内上奏するように海軍首脳にご下命ありたしと説くことになる。

陸海軍を分断しようなどとせずに、単刀直入に内大臣を説得しなければならない。矢部が忠告したのか、高木が考えたことか、南原はうなずき、もういちど内大臣と突っ込んだ話をしようということになった。

もちろん、高木も南原も、辞任しようとする宮内大臣の松平恒雄が木戸幸一を内大臣の椅子から逐わねばならないと考え、米内光政と相談していることなど知るはずもなかった。

六月一日午後二時半、南原と高木は木戸に会った。一カ月前とちがって、戦争終結の問題をはっきりとりあげた。アメリカ国務省が日本派で占められている現在、日本は戦争終結を急がなければならないと説いたのである。
そして、エドウィン・ライシャワーという陸軍と国務省の連絡将校という肩書の人物の最近の所説もアメリカ国務省の主張を代弁したものではないかと高木が言ったのではないか(40)。

もちろん、木戸はライシャワーが説いたことを承知していたのであろう。外務省に入ってくる電報、サンフランシスコ、サイパンからの放送の要約、同盟通信社の海外支局からの電報の概要、これらのなかで、主題が天皇、皇室であれば、内大臣のところに届かない資料はないはずである。

木戸はうなずき、ライシャワーとは何者かと高木に尋ねたのであろう。

ライシャワーは東京生まれで、ハーバード大学の大学院で日本史を学び、特別研究生として東京帝大にいたこともある。辻善之助教授の教えを受けたはずだ。昭和十一年のことだ。ハーバード大学に戻って日本語を教えていた。日本語ができることから、軍と国務省を結ぶ日本関係の部門にいるのだろう。高木はこのように語ったにちがいない。

高木が知らないことを述べよう。

ライシャワーの提言

エドウィン・ライシャワーは現在、三十四歳になる。明治四十三年に東京で生まれた。

かれの父は明治学院の神学館で教えていた。ライシャワーは大正の末に帰国し、オーバリン大学、ハーバード大学院で学び、日本史を専攻した。昭和十年に日本に戻ってきた。特別研究生として、東京帝大、京都帝大、そして朝鮮、北京で学んだ。

かれが京都にいたときのことだが、兄が突然に死んだ。かれのそのときの研究は慈覚《じかく》大師、円仁《えんにん》であったが、兄のロバートは日本の近代史を専攻していた。プリンストン大学の講師だった。上海に研究に行き、パレス・ホテルのロビーにいたとき、黄埔江に停泊する日本の駆逐艦をねらいそこねた国民政府軍機の投弾がかれを殺した。昭和十二年八月のことだった。ロバートは多磨墓地に葬られた。エドウィンは昭和十三年に帰国して、ハーバード大学に戻った。

そして日米戦争がはじまり、若者の動員がはじまる。日本に居住した宣教師、教師、ビジネスマンの日本生まれの息子は、兵役の書類にＢＩＪと記入された。ボーン・イン・ジャパンの略号だ。日本生まれは貴重な人材だ。駆逐艦の電測士になるために電測学校に送られることもなく、Ｂ29の整備員になることもなかった。陸軍、海軍、海兵隊、あるいは情報機関が情報要員の大量養成をはじめていたから、日本語のできるＢＩＪは奪い合いとなった。

日本語の教師だったライシャワーは大いに重宝された。陸軍から日本語の暗号を解読する要員の養成機関をつくり、その学校の指導をするようにと命じられた。ワシントンのペンタゴンのすぐ近くにある、接収した小さな寄宿女学校に最初の二十人の学生を集めた。戦争がはじまり、日本のことを知ろうとしてハーバード大学とコロンビア大学で日本語の講座をとった学生たちだった。ライシャワーはかれらのために日本語の教科書をつくり、日本語学習の授業をおこなった。

入手した日本陸軍の輸送船用の暗号文が送られてきて、授業の合間には、この解読作業を手伝った。戦争がはじまって翌年の夏のことだから、東ニューギニアの戦場の電報だった。

ライシャワーはまた、日本軍向けの宣伝ビラや降伏勧告のビラの文章を考案し、新戦術を披露したりもした。尾に発光塗料を塗った狐を日本軍の前線に放てば、日本兵を降伏させることができると語ったこともあった。もっとも、これは昼食時の冗談だったのであろう。日本と日本人のことなら私はだれよりもよく知っているとばかりに学生たちに日本人の稲荷信仰を語ってきかせ、路地の奥、丘の上、大木の根方にある赤い社《やしろ》について喋ったのである。

そんな遊び事とはべつに、かれはしっかり自分の考えをまとめることもした。その文書を陸軍次官宛てに提出した。その肝心な箇所はつぎのとおりである。

「戦争終結後のイデオロギー闘争にとって貴重な味方もしくは傀儡《かいらい》として役立つように天皇をとっておくためには、いま起きている戦争によって天皇が傷つけられてしまわないようにしなければならない。言い換えるなら、われわれはアメリカの人びとにたいしてかれがアジアにおけるヒトラーやムッソリーニに等しいものとして、あるいは日本版全体主義を擬人化したものとして描かれることを許すことはできない、ということである。われわれの報道機関やラジオが天皇を一概に罵倒していることで、かれが戦後世界においてわれわれにもたらす有用性が簡単に損なわれてしまう。これではアメリカの人びとは天皇と協力してゆこうという心積もりができなくなる。また当然のことながら、天皇自身もその周囲の人びとも、われわれの政府と協力することに、いっそう躊躇することにもなるだろう(42)」

日本生まれの三十一歳のアメリカ人が陸軍の高級幹部にこのような提言を提出したのは、一九四二年、昭和十七年九月十四日だった。ミッドウェー海戦のあとであり、アメリカ人のだれもがアメリカの最終勝利を当然のことと信じるようになったときだった。そのとき日本はどんな状況だったのであろう。

九月二十日の朝日新聞の第一面の記事を前に記したことがある(43)。「空母、爆撃機へ増強に全力」との大見出し、そして「空母一挙に八十五隻」の小見出しを掲げ、大きくスペースを割いて、アメリカの軍需生産がいまやものすごい勢いで増大していることを報道した。

アメリカの自動車産業の労働者の半数が航空機のエンジンをつくるようになり、すべての大造船所が空母をつくっている様子を国民に告げなければならないと軍や情報局に説いてまわったのは、毛里英於菟と美濃部洋次だった。かれらはまた、国会議員、枢密顧問官、財界指導者、官庁の局部長の集まりで話してまわった。「時局の重大性」を認識しなければならないというのが、いっときのあいだ、政治家、高級官吏のあいだで流行《はや》り言葉となった。だが、政府はなにもできなかった。こうしたことも前に述べた。

もちろん、そのときに重臣、高級官吏、国会議員、そしてまた高木八尺は、アメリカの一日本専門家がやがて占領することになる日本には傀儡としての天皇が必要だと主張したことなど知るはずもなかった。知らないといえば、かれらはその三カ月前のミッドウェー海戦で思いもよらぬ惨敗を喫し、赤城、加賀、蒼龍、飛龍、四隻の空母を失ったことを知らなかった。

さて、かれらがその双方を知ったとして、どちらが深くかれらの胸に突き刺さったことであろう。日本はたいへんな戦いをやってしまったと動悸の高まりに気づくことになるのは、そのどちらを聞いてのことであろう。

ところで、ライシャワーのその提言はペンタゴンの陸軍次官の関心を惹き、かれの能力が認められることになったようだ。翌年八月、かれは連絡将校に任命された。実際の仕事は陸軍参謀部の情報部に勤務し、傍受した電報の情報分析の仕事であった。秘密厳守を誓わされた。今度はペンタゴンのビル内での勤務である(44)。

さまざまの電文が送られてきて、ライシャワーはその分析をしてきたが、現在、かれのところに山積みされているのは、日本の電報局が国内で送る平文のメッセージである。有線では傍受のすべはないが、無線で送られるのを傍受したのである。鹿児島の伊集院に駐屯する熊七一一二部隊の山田二等兵宛てに母親の死を知らせる大阪の区役所からの電報であり、福岡県の若松市に置かれた暁二九四〇部隊の池田中尉に父親の死を知らせる山形県の村役場からの電報である。こうした電報を数多く拾いあげていくと、九州に新しい部隊がつぎつぎと配置されていることがわかってくる。

新編成の部隊があまりに多いことから、ライシャワーは情報部の責任者に呼ばれ、情報は信頼できるのかと尋ねられもした。新しい部隊の武器や練度のほどは見当がつきかねたが、大軍が九州に集結していることは間違いないとかれは太鼓判を押したのである。[45]そして、このような作業の合間に、ライシャワーは陸軍省と国務省を行き来し、戦争終結を早めるための日本向けの心理工作をおこなってきた。

ライシャワーは自分と同じ考えを持っていると信じる国務省のボス、グルーに接近しようと考えたこともあったはずだ。

かれの兄の不慮の死のことは前に記したが、上海から東京に送られてきた兄の遺骨を受け取りにアメリカ大使館に赴いたライシャワー一家のなかにはエドウィンもいた。その際にグルーの弔意を受けたことがあり、アメリカに戻ってからも大使館に関連した資料を東京のグルー宛てに送ったこともあった。こうしたことがあってライシャワーは以前からグルーと接触があった。

ところがグルーは、いやおそらくはかれの右腕のドーマンが、小生意気な若造が送ってくる意見書を放りっぱなしにしたのであろう。無視されたライシャワーはグルーを嫌うようになったのではないか[46]。

それはともかく、高木八尺と木戸幸一が読んだライシャワーの主張のことに戻れば、かれが説いたのは、ミッドウェー海戦の二カ月あとに陸軍次官に提出した政策案をオブラートに包んだものであったにちがいない。

ライシャワーは二年半以上前の自分の提案をなにひとつ修正する必要のないことが自慢だったことは間違いない。その数は多くはないが、日本陸海軍軍人の捕虜の数はわずかながらではあるが増えつづけていた。かれらを尋問した報告書をライシャワーは読んでいたはずだ。これらの捕虜は軍首脳を悪く言うことはあっても、天皇を非難することはなく、それどころか天皇のことに言及すれば強い反発を示したのである[47]。

南原と高木、木戸に戦争終結を説く

南原繁、高木八尺と木戸幸一との話し合いのことに戻るが、ライシャワーが国体に触れないことをはっきり言明しているのは、アメリカ国務省の意向を反映したものであろうと二人は説いた。

そして、南原は本土でゲリラ戦をおこなうことに反対し、一億玉砕論を激しく批判した。おそらくつぎのように語ったのであろう。陸軍省軍務局には、こんな具合に説く者がいる。「南米の小国、パラグアイは五年戦争によって全人口の八割を失うまで戦った。ソ連と戦ったフィンランドはどうであったか。ドイツは全土を敵の蹂躪にまかせてもなお毅然たるものがある。ひとりわが国は神州正気の民と自負しながら、本土決戦をおこなわずに降伏するなどというのはあまりに打算的だ。最後まで戦わないなら、後世子孫の復興は不可能となる」

市谷台の幹部はそう言わざるをえないのだ。全滅すると承知しながら、最後まで勇敢に戦っている将兵がいる、いまこの瞬間にも戦死する将兵たちがいる。和平だ、降伏だと言うのは、かれらを欺くことになる、そして自らに対する裏切り行為でもある。そう思うから、本土決戦を主張する以外に道はないのだ。

皇室が国民のこれ以上の戦禍を救う態度をはっきりとられることがなによりも肝要だ。そして、南原はつぎのように言ったのであろう。統帥部が和平を説き、政府が方針を定め、アメリカと交渉を開始するのが正道だと信じる。だが、わが国の現状より見て、今日の段階においては、統帥部、政府にこれを望むことはほとんど不可能だ。機運が熟するのを待っていたら、おそらくは時機を失し、ドイツと同じ運命をたどることになろう。

皇室は国民と直結することよって日本復興の源泉とならなければならないが、このままでは皇室の安泰、国体の護持といった目的すら達しえざる悲境に落ちることにもなりかねない。

沖縄戦が終わったあと、陛下が和平を説かれることが、時局収拾のただひとつの方策であろう。重臣はこれに応じることになろう。

だが、鈴木内閣は大転換をおこなう力がないのではないかと思える。戦争を終わりにすることのできる内閣にする必要があるのではないか[48]。

そして、最後に高木はつぎのように結んだのではなかろうか。

あるいはこのさき一カ月を待たず、ワシントンはわずかな譲歩、しかしわれわれにとっては重大な譲歩を明らかにすることになるかもしれない。永田町、霞ヶ関には密かにそれを待っている人がいるようだ。だが、こちらが準備をすすめておかなければ、その機会をうまくつかむことはできない。

木戸は手帳に南原と高木が語ったことの要点を記し、二人に向かって大きくうなずき、つづいて旧友の高木の顔をじっと見たのではないか。

高木も木戸と目を合わせ、四年前、あの年十月の意見書、あれはまことに残念だったと言いたげな表情だと思ったかもしれない。

木戸はといえば、昭和十六年十月のかれ自身が犯した致命的な過ちの記憶はかれの意識の表面のすぐ近くに潜んでいたはずであるから、否応なしに、あの日の高木の提言を思いだしたにちがいない。だが、残念だったとは言わなかったし、そう思うわけにもいかなかったのである。

今朝の空襲でも三千人以上が殺された

今日、もちろん六月九日だが、午前中に空襲があったことは最初に記した。敵は関東には来ないとの報告が入り、第八十七回臨時議会の開院式が挙行されたことも前に述べた。

今月一日の朝に大阪が焼き討ちされ、五日の朝には神戸、七日の昼前には再び大阪が焼き討ちされた。現在、一回の空襲にB29五百機内外が襲来し、空襲時間は一時間二十分だ。夜間の空襲と比べて一時間短い(49)。このわずかな時間に、目標都市の学校、病院、寺院を含め、人びとの住まい、六万戸から十二万戸を灰にし、三千人以上の一般市民を殺す。その正確な数はわからない。このさきも永遠にわからないだろう。さらに、三千人以上の人に火傷を負わせ、大怪我を負わせる。

今朝の空襲は市街地の焼き討ちではなかった。三つの航空機製造工場が襲われた。敵側からすれば、落ち穂拾いだ。大幸と武蔵を完全に破壊したいまとなっては、実際には航空機工場などもはや爆撃の必要はない。

これまでに何回も述べたとおり、三菱の名古屋発動機製作所と中島の武蔵製作所の二つの発動機工場があって日本の航空機産業は成り立ってきた。昨年の九月に陸海軍機合わせて二千五百機を生産することができたのも、大幸と武蔵があってこそだ。

大幸と武蔵はすでにない。武蔵は昨年の十一月二十四日から、大幸は十二月十三日から執拗な爆撃を受けつづけ、四月七日の爆撃で、大幸と武蔵の生産はともに止まった[50]。

航空機の生産は大きく減った。これも前に述べたことを繰り返すが、現在、陸海軍合わせて月に二千機を生産していると六月八日の御前会議で軍需大臣が述べたのは、もちろん事実ではなかったし、百部印刷している報告書が五月の生産数を千五百九十二機としていたのも、これまた事実ではなかった。その半分以下の五百機にも達していないはずだ[51]。

今日の爆撃は、そのわずかに操業している航空機工場をねらった。午前八時半に鳴尾製作所への空襲ではじまった。尼崎と西宮のあいだの鳴尾村にある川西航空機の工場だ。B29四十五機による爆撃だった。四編隊のうちの最後の編隊が遅れたために、爆撃が終わるまでに三十分かかった。

つぎに午前九時十七分、名古屋を襲った。名古屋市熱田区にある二つの航空機工場、愛知航空機熱田発動機製作所と船方工場を爆撃した。

三番目は九時五十二分、川崎航空機の明石工場の空襲だった。陸軍機の機体工場と発動機工場が神戸の西隣の明石にある。二十四機が襲来した。二分で終わった。

工場にまったく命中しなかったのはこの最後の明石工場だった。だが、二百キロ爆弾は隣接する明石公園に避難していた三百人近くの人を殺し、明石市のいくつかの町で、これまた三百人以上を殺した(52)。

今朝いちばん早く爆撃された鳴尾製作所は工場の六〇パーセントが破壊された。いずれも百キロ爆弾だった。死者は七十五人、重傷者は百人にのぼった(53)。

もっとも多くの人が殺されたのは愛知航空機だった。

愛知航空機は昭和十八年二月に愛知時計電機から分離独立した航空機会社だ。だれもが現在でも愛知時計と呼んでいる。海軍の管理工場であり、艦上爆撃機の彗星と艦上攻撃機の流星をつくり、発動機は彗星に搭載する熱田12型、金星62型を製造してきた。

これまで空襲は受けなかったが、昨年十二月七日の地震で、海岸の埋立地にある機体組立工場の中核、永徳工場が倒壊した。そのあと、名古屋市外への疎開がはじまり、原料、部品、燃料の不足もひどくなり、生産は急速に落ちてきていた。

先月、五月の発動機の生産が五十基だったという数字があるようだが、ほんとうであろうか(54)。先月は何機の流星を海軍に引き渡すことができたのであろう。

今日ねらわれたのは、熱田区千年町にある発動機工場と機体工場の船方工場だ。

朝、八時過ぎ、名古屋地区に空襲警報が発令された。名古屋の東海軍管区司令部に兵庫県の鳴尾が爆撃されたと情報が入った。つづく編隊も関西に進路を向けているようだと判断し、午前九時に空襲警報の解除を命じた。間延びしたサイレンが鳴り終わり、発動機工場の外へ退避していた従業員が工場に戻った。[55]ところが、奈良上空で西へ向かわず、そのまま北進する三つの編隊があった。東海軍管区司令部は判断を誤り、敵編隊は関西に向かうのだと思い込んだ。近江八幡の上空まで直進した四十二機のB29は東に進路を変えた。空襲のサイレンが再び鳴ったときには、敵の編隊はすでに名古屋の中心部まで来ていた。不意打ちの空襲だった。一トン爆弾と五百キロの爆弾を熱田と船方の両工場に落とした。九時十七分から六分間の爆撃だった。

瓦礫のなかから引きだされてくる死者と負傷者は数知れなかった。一千百人以上の勤労動員の少年少女が死に、三千人以上が重軽傷を負った。[56]

今朝、午前八時半から午前十時までのあいだの三カ所の空襲で、中学生、女学生を含め、三千人以上が殺された。

一回の空襲で必ず三千人以上の人びとが殺されると最初に述べた。五月二十三日の東京空襲の死者の数は意外に少なかった。千人以下だった。二十五日の東京空襲の死者は三千六百人以上、[57]二十九日には横浜でこれまた三千六百人以上が殺され、[58]六月一日には大阪で四千人以上が殺された。[59]五日には神戸で三千五百人以上が殺され、[60]七日には大阪で三千人近くが殺された。

六月に入って、今朝までに一万五千人以上の一般市民が殺された。同じ六月一日から今朝まで、沖縄の兵士、住民の死者はどれだけだったのであろう。合わせて一万人であろうか。それともB29に殺された大阪、神戸、名古屋の死者の数と同じく一万五千人なのだろうか。

午前十一時、木戸幸一は内大臣秘書官長の松平康昌に「時局収拾案」を見せた。昨六月八日の夕刻までに木戸が書きあげた文書である。

松平はソ連に仲介を求めるという内容の戦争終結案に目を通す。

松平は昭和十一年六月に木戸が内大臣秘書官長を辞任したあとから現在までの九年間にわたってこのポストに座っている。内大臣秘書官長は内大臣府で内大臣を助ける唯一の存在である。内大臣に助言をおこない、情報を提供するのが、かれの任務である。

松平康昌の経歴は前に述べたことがあるが、(61)繰り返そう。かれは国持ち大名だった越前松平家の殿様であり、伯爵だ。髪を真ん中で分けている。それがよく似合う。あと二日で満五十二歳になる。千駄ヶ谷の広壮な屋敷は焼かれてしまい、代官山に移っている。

かれは政治的野心を持っていない。公爵から男爵まで華族は九百人ほどいるが、かれらのなかには、近衛文麿、木戸幸一のように政治に野心を抱いてきた者もいる。だが、この二人は例外だ。大部分の華族はそのような野心とは無縁であり、賢明でもなければ、有能でもなく、自己満足的な生活を送ってきている。

松平も政治的野心はないが、かれの場合、曾祖父の松平慶永《よしなが》への義務感があるのではないか。

鎖国、開国の国策の混乱が上にあり、下に世直し願望があって騒然とした文久から慶応の時代に、数多い大名のなかでただひとり、第十六代福井藩主はしっかりとした「大転換」の構想を持ち、幕府と朝廷とのあいだに立ち、調停者として「国事周旋」にあたった。松平慶永はそのとき三十代の若さだった。だが、鳥羽・伏見の戦いがかれの努力を無にしたのだった。

昨年から、松平慶永の曾孫はそれこそ文久・慶応以来の「大転換」をおこなうための「国事周旋」にあたろうとしている。かれは毎日、代議士、新聞社の政治部長、陸海軍や政府の幹部と会い、陸軍省、海軍省、外務省の戦争終結を考える人びととも情報交換をしている。松谷誠、高木惣吉、加瀬俊一といった人びとである。そして、重臣のなかでは、かれは岡田啓介ととりわけ親しい。かつての大名の領地では、旧藩主の嫡流と旧藩出身の出世頭の高級官僚、将官、財界人とのあいだには、領主と家臣に似た関係がいまなお残っている。岡田啓介は越前の下級藩士の息子だった。現在、首相秘書官の松谷誠も福井の出身であり、県人会の集まりで、会長の松平康昌と顔を合わせたことがあって、親しくなっている。

松平は木戸の戦争終結の計画案を読みながら、まずはよかったと安堵したのであろう。もちろん、松平は宮廷内で起きていることもよく承知しているから、内府は尻に火がついて、やっとこれをつくったなという思いが頭をよぎったことは間違いない。

この一月に皇太后がこの戦争をやめることはできないのかと天皇に問い、牧野伸顕伯、近衛文麿公の考えを尋ねてみたらどうかと述べたこと、そこで天皇は重臣たちにどうしたらよいかどうすべきかを下問したものの、近衛文麿を除いて、だれひとり戦いをやめるときがきたと説く者はなく、皇太后が望むようにはならなかったことを松平は知っている。[62]

つづく天皇と五人の皇族との夕食会の集まりも失敗に終わった。

それから三カ月がたつ。ドイツは崩壊し、世界から孤立して敗北を待つばかりの日本が残るだけとなった。

天皇が木戸を辞めさせようとしたこと、それが松平宮内大臣と米内海軍大臣の計画だったことも、松平康昌は順次知ることになったはずだ。松平は宮内大臣と海軍大臣がなぜ木戸内大臣を辞めさせようとしたのかも理解していよう。かれらからなにも聞いたことはなかったにちがいないが、容易に想像がついたはずだ。

昭和十六年十月に内大臣は陛下に向かって、アメリカとの戦いは絶対にしてはならない、どのような代償を払ってでも回避しなければならないと言上しなかった。その結果はどうか。「皇室の抹消」と敵に公然と言われる始末となっている。木戸には陛下にたいして深い罪障感があるからこそ、陛下に向かって降伏しなければならないとはっきり言上できないでいるのだ。

前にも述べたが[63]、松平は木戸に心服しているわけではない。かれがなにもしないことに大きな不満を抱いている。今年一月のことであったか、かれは原田熊男と話し合ったとき、原田が木戸を激しく非難した。学友という遠慮のなさもあってのことだったが[64]、そのときに松平は木戸のことを「政治事務家」と言ったのだった[65]。

松平が木戸の計画書に目を通し、まずはよかったと安堵したのは、こうしたわけからなのである。

木戸が松平に向かって、昨日の御前会議の決定との折り合いをどうつけたらいいだろうと尋ねた。松平は木戸が考えているであろうことを語った。

「あの決定について、陛下がもう一遍関係者を呼ばれ、止めるとは今までの習慣上仰言れなくとも、あのときは黙っていたが、どうも前提と結論がおかしいからと種々質問の形で持ちだされては如何でしょう[66]」

つづいて二人はこの戦争終結計画を政府と統帥部に示し、その賛成を得るためにはどのような手順をとったらよいかを協議した。もちろん、お上に最初に申し上げねばならない。

お上の支持を得られるか。木戸の考えは決まっている。南原繁と高木八尺が語ったことを言上するつもりであろう。

午前九時に臨時議会の開院式がおこなわれたことは前に述べた。そのあと首相は施政方針演説を貴族院本会議場でおこなう。

その演説の草稿は内閣書記官長の迫水久常がつくり、そのなかに首相が大正七年に練習艦隊司令官としてサンフランシスコの歓迎会でおこなった演説の一節を入れたことは、前に何回も記した。ところが、この草案を閣議に付議したところ、閣僚たちが反対し、訂正した。これにたいして首相が不満をもらし、迫水が元に戻したことも前に記した(67)。

さて、議場で首相の施政方針演説を聞いていた貴族院議員たちは、首相はおかしなことを喋るなと思ったにちがいない。散会のあと、老首相はなにを考えているのだろうと語り合う勅選議員もいたことであろう。

首相の衆議院本会議場における施政方針演説は午後一時半にはじまる。当然ながら、午前の演説と同じ内容である。「今日、帝国はまさに肇国《ちようこく》以来の重大なる危局に直面している」と説きはじめる首相の演説を聞き流し、家族の疎開のこと、武山海兵団にいる息子のことを考え、今朝の名古屋の空襲で家族は無事だったであろうかと心配している議員のなかには、午前の貴族院本会議場と同様、うとうとしている者もいる。

首相の演説が、四半世紀以上も前にかれがアメリカに行ったときの話になって、なにごとかと耳を傾け、その内容にびっくりする議員、眉をひそめる議員、肘をつきあう議員もいて、眠っている議員は周囲のざわめきに目を覚ます。

首相は「もし太平洋を軍隊輸送のために用うる如きことあらば、必ずや両国ともに天罰を受くべし」と声を張りあげる。

議場の異常な空気に気づき、これはまずいぞと思った閣僚たちのなかには、自分たちが「天罰」の字句は削ったのに、どうして勝手に元に戻してしまったのかと迫水久常に視線を向ける閣僚もいる。

首相の施政方針演説が終わる。阿南惟幾と米内光政が戦況報告をおこなう。阿南が「来るべき本土決戦においては、勝利の事実をもって、国民諸君の熱烈なる御支援に答えん」と結ぶ。「戦局は急迫し率直に不利である」と米内は語りながらも、「勝機は最後の五分間」と言う。陸軍の軍務局軍務課員は生気のない議員の顔、顔を見渡して、おざなりに拍手するだけなのにため息をつく。

そのあと大日本政治会の太田正孝が質問する。首相は耳が遠いから、迫水は質問の要点を記していたのだが、いつしかやり方を変え、答弁の要旨を半紙に大きく書いていくことにしている。首相が答え、陸海相、内相のこれもおざなりな答弁が終わって、つぎに浜田尚友が質問に立つ。

浜田は三十五歳になる。東京毎日新聞の政治部の記者だったが、昭和十七年の総選挙に鹿児島二区からでて当選した。護国同志会に所属している。岸信介がつくろうとした大政党結成の夢はかなわず、護国同志会は三十二人の小政党となったことは前に記した。(68)護国同志会は野党だから、浜田尚友の質問は政府と馴れ合いではない。非常な早口で喋っている。持ち時間が少ないから、できるだけ多くの質問をしようというつもりであろう。というよりは、言うだけのことを言おうとしているのだ。

迫水は必死に浜田の質問の答弁をまとめようとする。そのとき、浜田が突然、この真剣な問いになぜ笑ったのかと首相に詰問した。慌てて迫水が浜田が言ったことを首相に耳打ちする。笑い顔は私の地顔だと首相が答え、議場に笑い声と野次が飛び交う。浜田の持ち時間は終わったが、なおもかれは喋りつづけ、外務大臣の批判をはじめる。議場はいよいよ騒然としてくる。議長の島田俊雄が浜田に声をかけるが、浜田はかまわず早口で喋りつづける。島田が発言中止を何回か繰り返す。やっとのことで浜田が議壇を下りた。

迫水は首相のための答弁書をつくることができない。浜田があれほど挑戦的な態度をとったのだからと開き直り、「政府の答弁はありません」と言ってしまった。

護国同志会の議席から怒号があがるなか、議長の島田が散会を宣言する。午後四時三十五分だ。護国同志会の議員たちが一斉に席を立ち、島田の近くに駆け寄り、罵声を浴びせ、閣僚席に向かって、鈴木内閣はおしまいだぞと怒鳴る。明日はただでは済むまい、面倒なことになるぞと閣僚たちは思う。

与党、大日本政治会の幹事長の松村謙三も明日の護国同志会の動きが気になる。そして、首相がサンフランシスコ演説に言及したことも気にかかる。書記官長の部屋を訪ねる。迫水久常に向かって、いったい首相があいうことを言ったのはどういう考えからなのかと尋ねる。

「なんとも返事ができない。経緯だけは申し上げます」と迫水は言って、首相がこの挿話を加えてくれと言ったことから、閣議で検討した結果、改訂したところ、首相が元に戻してくれと言ったことを語る。

松村は首相の考えていることがわかったように思う。鈴木首相は和平を望んでいるのだ。[69] 首相は演説で「無条件降伏なるものは畢竟するにわが一億国民の死ということである」と説くことで、敵にただひとつ譲歩を要求しているのだ。言わずとしれた日本の君主政体の維持の保証を求めているのだ。

マニラの居留民、女子供千六百人は

松村謙三が迫水久常の内閣書記官長室をでるよりも三時間前のことになる。

午後一時半、吹上《ふきあげ》の御文庫の天皇の政務室に木戸が入った。かれは天皇に向かって、昨日の御前会議で本土決戦をおこなうと決めたことから説きはじめ、添付された文書「国力ノ現状」を見るかぎり、いまや「戦局を収拾」するときがきていると思えると言上した。

そして、かれは試案を差しだし、そのあらましを説明した。天皇はそれに目を通した。戦争終結のためにソ連に仲介を求めるという主張があるのは、天皇はすでに承知していたから驚かないが、ソ連への特使が「天皇陛下ノ御親書ヲ奉ジテ」という木戸の案は天皇がはじめて知ることだ。

天皇は木戸になにを問うたのか。「今後採るべき戦争指導の基本大綱」は決めてしまったが、あれはどうするのだとは天皇は言わなかったにちがいない。基本大綱が、挫けはしないぞ、戦いはまだこれからだと主張しているのは、なによりも敵に向けてのものであることは天皇も承知している。そして、正式に決まったことではあっても、白紙還元の前例があることも天皇は承知している。

昭和十六年九月六日の御前会議で定めた「帝国国策遂行要領」は「十月上旬」に「対米開戦ヲ決意ス」と決めていた。だが、十月十七日に天皇はその御前会議の決定にとらわれるなと語り、その決まりを消し去ったことがある。そのときも木戸幸一の助言によるものだった。

天皇が木戸に尋ねたのは、試案のなかの「名誉アル講和」「占領地ニ駐屯セル陸海軍将兵ハ我国ニ於イテ自主的ニ撤兵ス」「軍備ノ縮小ニツイテハ相当強度ノ要求ヲ迫ラルルハ覚悟セザルベカラズ」[70]といった箇所を指さし、あまりに楽観的にすぎないかと言い、この一月のアメリカの「日本処理案」の論議に移ったのではないか。

そこで、木戸が今日こそお上に申し上げようと考えてきたことを語りはじめたのであろう。天皇は木戸が語る南原繁と高木八尺という東京帝大の教授が説いたという話に耳を傾けることになる[71]。

天皇はそれを聞きおえ、南原と高木の経歴を重ねて尋ね、わかったと言ったのかもしれない。そして、首相、陸海軍大臣、外務大臣にその試案を見せるようにと言い、木戸が退出するのを見送った。午後二時だった。

天皇はすぐに散歩にでかけようとして声をかけた。お供は徳川義寛か[72]。どこへ向かうのであろう。

天皇の頭のなかにずっとあるのは、木戸の戦争終結のための計画書のことではなく、二人の法学部教授が説いたことではなかったか。天皇がはじめて耳にした予測があり、推理があった。南原と高木という東大教授のまことに明快な推断を天皇は歩きながらさらに考えるつもりであろう。

天皇が木戸から聞いた南原繁と高木八尺の主張はどのようなものだったのか[73]。

いったい天皇陛下はどうなさっているのかという国民の声なき声がある。一億玉砕を叫び立て、本土決戦をおこなうことになり、多数の非戦闘員が殺されることになれば、陛下にたいする怨みは噴出する。

天皇はかつてこのような主張を耳にしたことがなかった。首相の鈴木貫太郎からも、参謀総長の梅津美治郎からも、陸軍大臣の阿南惟幾からも、外務大臣の東郷茂徳からも聞かなかった。三カ月前のことになるが、賀陽宮、高松宮からも、若槻礼次郎、岡田啓介、近衛文麿、平沼騏一郎、広田弘毅といった重臣たちからも聞かなかった。そして、木戸幸一からも聞いたことはなかった。

だが、天皇は昨日の会議のことは記憶していよう。秋永月三が読みあげた「国力ノ現状」のなかの「民心ノ動向」の一節、「国民ハ胸底ニ忠誠心ヲ存シ敵ノ侵寇《しんこう》ニ対シテハ抵抗スルノ気構エヲ有シアルモ　局面ノ転回ヲ冀望《きぼう》スルノ気分アリ(74)」のくだりである。

そしてもうひとつ、天皇は皇太后が説かれたことも記憶しているはずだ。戦いをさらにつづけて女子供が残るだけとなって日本はどうなってしまうのかという問いである。

さらに天皇は四日前の六月五日の朝日新聞の第一面に大きく載った守山義雄の特派員報告を覚えているのではないか。指導者の意地だけで戦いをとことんつづければ、国と国民はどうなってしまうのか。

あるいはまた天皇は木戸から南原と高木の主張を聞いたあと、この冬には二千万人が餓死するという町の噂もあるとは聞かなかったのか。

前に記したことだが(75)、大佛次郎が山下太郎から二千万人が餓死すると聞いたのは五月七日のことだった。その四日前、山下太郎の邸に木戸幸一は招かれた。阿南惟幾も同席していたが、山下はかまわず二千万人の話を披露し、木戸はその空恐ろしい数字に驚いたはずだ。天皇がこれを聞いたのであれば、どう思ったであろう。

ところで、天皇はいまこの戦争が毎日、一般市民をどれだけ殺しているのかを知っているのであろうか。

天皇は三月十八日に江東地区を訪れ、その八日前の空襲による焼け跡を視察した。焼死者が七万人を越えたと天皇は内務大臣から報告を受けたのであろうか。

天皇はそのあとにつづく空襲の死者についての報告も受けてきたのか。前に見たとおり、今日午前中の空襲で、三千人以上が爆死した。出張していた参謀総長は帰国した。明後日の月曜日、天皇は梅津からつぎのような報告を聞くことになるのであろうか。

東海軍管区司令部の油断から、警報をいちはやく解除してしまい、愛知航空機で一千百人もの勤労動員の中学生と女学生を殺してしまうことになりました。まことに申し訳なく思っております。警報が解除になって、防空壕から職場にただちに戻った真面目な学徒たちが犠牲になり、職場にすぐに戻らなかった怠け者の徴用工が助かった。無念きわまりないことであります。

おそらく梅津美治郎はこのような報告はしないのではないか。

非戦闘員の死は大阪や名古屋だけのことではない。沖縄では一昨日も、昨日も一千人以上の一般住民が殺されたはずだ。今日も一千人が殺されるのではないか。天皇は参謀次長からこのような報告を受けているのであろうか。参謀次長は毎日の説明資料のなかで、こうした住民の犠牲を天皇に提示していないのではないか。

では、天皇はなにも気づいていないのか。あらかたの人たちも気づいていないのか。

昨日、天皇が木戸に戦争指導大綱の付属文書、「国力ノ現状」を読むようにと言い、木戸は試案をつくることになり、その冒頭で「国力ノ現状」をとりあげたことは前に述べた。六月五日に首相官邸の書記官長室に迫水久常、美濃部洋次、毛里英於菟の三人が集まり、「国力ノ現状」のなかの「民心ノ動向」をつくったことは、これも前に記した。(76)

迫水や美濃部は何カ月かさきにはじまる九州の戦いを想像して、ルソンの戦いと同じようになるのではないかと思ったにちがいないと記したのは、(77)かれらのだれもが北部ルソンの戦いの実情を聞き知っていたからである。

だれもが戦いの真実を知らない。サイパンやサンフランシスコの放送を聞いたからといって、戦いの実態を知ったことにはならない。内務省の課長であれ、軍需工場の部長であれ、新聞社の論説委員であれ、次官会議に出席する各省の次官たちであれ、内閣書記官長を含む四長会議のメンバーであれ、ブーゲンビルでずっとつづいてきた戦いの無残な様相を知らない。マンダレーからラングーンまでのビルマの戦場の惨憺たる退却の様子を知らない。包囲され、孤立したメレヨン島、ウェーク島の戦いがどのような残酷なものであるかを知らない。レイテ島の戦いが一方的な殺戮で終わったことを知らない。そして、沖縄の凄惨な戦いの実相を知らない。

ところが、ルソン島が戦場になってから、何人もの報道班員がルソンを脱出して東京に戻ってきたことから、新聞には載ることのないルソンの戦いの実態を人びとはうかがい知るようになっている。

ルソン島から東京に戻ってきた人はごく最近もいる。

十日前の五月三十一日、大佛次郎が知人の家でビールを飲んで帰ってくると、今日《こんひ》出《で》海《み》と横山隆一が座敷にいた。大佛はびっくりした。[78]疎開先の長野の上田から鎌倉に来ている横山が訪ねてくるのは珍しいことではなかったが、今日出海はフィリピンに行っているはずだった。昨日帰ってきたのだという。よかったよかったと喜び、お祝いだ飲もうと言い、共通の友人の永井龍男を呼ぶことにした。文藝春秋の社員だ。四十歳になる。住まいは二階堂だ。

今日出海は四十一歳になる。明治大学でフランス語を教え、評論、翻訳をしてきた。陸軍報道班員となってフィリピンに行った。住まいは逗子にある。

かれは話しはじめた。はじめは抑えていたが、酔いがまわれば、陸軍と情報局にたいする憤懣をぶちまけることになり、つぎのように語ったのではないか。

レイテ作戦はこれから大反撃に移るということを新聞で読み、マニラに行ってみれば、すでにレイテは敵の手中に落ちている。

軍の報道はことごとく嘘で固まっている。比島にもし敵が上陸したならばわが術中に陥るようなもので、殲滅されるためにやってくるのも同然であるといっていたのに、ひとたび上陸するとこれを防ぐによしなく、たちまち山中に逃げ込まざるをえない状況だ。(79)

もっとも、大佛次郎はその日の日記につぎのように書いただけだった。「中央と現地のあいだは情報が途絶している。フィリピン内でも相互の連絡もとれない。ひどい混乱ぶりだった。マニラに着いて、部隊がどこにいるのかもわからない。報道部長に電話すれば、こんなところになにしに来た、すぐ帰れと言われる始末だった(80)」

大佛は詳しく書くことを控えたのか。今日出海は詳しくは語らなかったのか。それはわからないが、今日出海は酔いつぶれる前につぎのことは語ったはずである。あの悲惨さが女子供のいる内地でも繰り返されるのかと思うとまったく絶望的になる(81)。

これは今日のことになる。フィリピン駐在大使の村田省蔵とかれの部下たちはフィリピン大統領と亡命政権の一行四十人とともに今朝十時半に福岡の雁の巣飛行場に着いた。

一行は昨年十二月二十一日にマニラを脱出して、バギオに逃れ、三カ月あとの三月二十九日にツゲガラオから台湾に脱出し、台北市郊外の草山《そうざん》に二カ月滞在のあと、上海経由で福岡に到着した。

明日からは、村田は政財界の多くの友人、知人を訪ね、帰国の挨拶をし、慎重に言葉を選びながらも、フィリピンの戦いの実情を語ることになり、陸軍が唱える本土決戦がどのようなことになるかを聴き手に教えることになるだろう。

ルソン島を脱出するまで第四航空軍司令部の世話になった今日出海が知ったこと、大使だった村田省蔵が承知し、フィリピンから帰国した新聞記者のだれもが語ったことはつぎのような話であり、美濃部、毛里、迫水も聞いたはずだ。

第四航空軍司令官の富永恭二がこの一月のはじめに、部下、居留民のすべてをほうりだし、だれにも告げずにお気に入りの看護婦を連れてエチャゲ飛行場から台湾に脱出したというのだ。

このとびきりのニュースはたちまちひろがり、その際にバギオにいた大使館員や新聞記者もこの話を知った。東条のもとで陸軍次官をやって威張っていたこの高級軍人はフィリピン陸軍特攻の最高責任者となり、特攻隊員を見送る際には必ず「いずれこの富永もあとから行く」と叫び、つぎには北部ルソンには撤退しない、マニラを死守すると叫びつづけた。ところが、かれは第十四方面軍司令官の山下奉文《ともゆき》大将に告げることもなく戦場から逃亡してしまったというのだ。

南原繁、高木八尺もこのような話を聞いたのではないか。

事の真相は、富永のすぐ下の部下たちが極度の躁状態の司令官に手を焼き、かれをうまく騙し、飛行機を集めてきてほしいと台湾へ送りだし、そのあと自分たちもフィリピンから逃げようと図ったのだ。

そして、つぎのような話を毛里や高木は耳にしたかもしれない。陸軍次官だった富永がフィリピンの第四航空軍司令官に転出したのは、市谷台に残る東条英機のお気に入りの部下たちをすべて逐いだしてくれと木戸内大臣や小磯首相が陸軍大臣の杉山元に頼んでのことで、首相官邸の手洗い所で杉山と情報局総裁の緒方竹虎が一緒になったとき、杉山が「緒方君、やっと出口をみつけたよ。フィリピンにだした。これでちょっと肩の荷が軽くなった」と言ったというのだ。こんな具合にして最重要の戦場の軍司令官が選ばれ、挙げ句にこのざまかと、美濃部や南原は舌打ちでもしたい気持ちになったにちがいない。

富永恭二がエチャゲ飛行場から台湾へ脱出したあと、エチャゲより北、百キロのところにあるツゲガラオ飛行場の周辺にフィリピンを離れる許可を得ている人びとが三百人ほど集まり、日が暮れて台湾からいつ来るとも知れない救援機を待ちわびることになった。いらだちと諦めのなか、かれらの会話は軍にたいする不満と批判となった。哀れな居留民の逃避行も話題となった。迫水や南原はこうした話も聞いたにちがいない。

マニラに居住する在留民は昨年の十二月末にマニラを離れるようにと軍の命令がでた。軍は在留一般人の疎開のためにそれまでになんの用意もしていなかった。

第十四方面軍司令部はマニラを「根基」としての決戦をおこなうと主張しながら、そんな戦いはできるはずもなく、本心はマニラの主力軍を撤収して北部ルソンで「自活自戦」をするつもりでいた。

参謀本部が決戦せよと命じ、現地軍も決戦だと復唱し、天皇が参謀総長からそうした説明を受け、首相もそのように聞き、国民もそう信じていた。だが、いよいよ敵が上陸する直前になって、現地軍は決戦はしない、血戦をするのだ、持久戦をするのだと言いだす。参謀本部がやむなしというポーズをとり、天皇にこれを奏上し、参謀総長が「陛下は現地軍にご委任された」とそっと語ることになって、もともとできるはずのない、そしてやってはならない「決戦すべし」の命令は消えてしまう。だが、そのあとしばらく政府と国民は決戦をするのだと信じることがつづく。

ルソンの戦いがそうであるように、沖縄の戦いも同じことになっているのだし[82]、南九州で起きる戦いもそうならざるをえない。

ルソン島の戦いのことに戻るが、現地の第十四方面軍の首脳は決戦をするつもりはなかったから、居留民をどこかへ避難させるといったことは考えなかった。そして、決戦するのだと主張してきた手前、「山ごもり」のためのしっかりした用意をすることができず、居留民の疎開のことなど考える余地はなかった。

土壇場になって、決戦を持久戦に変え、北部ルソンに軍隊と軍需品を大慌てで移動することになればなったで、居留民疎開の問題はあとまわしになった。

居留民にサンホセに行くようにと疎開命令がでたが、男という男はすべてマニラ防衛司令部に召集されるか、仕事に縛られて動くことができず、女子供千五百人の疎開となった。ときたま通る北に向かう弾薬箱を積んだトラックに三人、五人と乗せてもらうしかなかった。国道と平行する鉄道の終着駅のサンホセで降ろしてもらった。やっと十二月二十六日夜の最後の特別列車に婦女子たちは乗り込むことができた。マニラ市の南にあるキャビテ軍港の大火災と爆発音がつづくさなかだった。

人口三万ほどのサンホセの町にある教会や女学校にかれらは分宿した。だれもが心細かったが、北に向かう部隊がつぎつぎと近くに宿泊し、日本人は増えるばかりだったから心強くも思った。正月には駐屯する軍隊が子供たちに餅を配ってくれた。

一月六日の朝だった。遠くで雷鳴がした。鈍い響きはずっとやまず、家のなかの瓶が共鳴した。敵の艦砲射撃だと知った。一月九日、リンガエン湾に敵軍が上陸した。サンホセはマニラよりずっと敵の上陸地に近い。戦車部隊が上陸すれば四時間でサンホセに殺到すると高級将校が語ったということで、大混乱となった。北のカガヤン平原に向かうことになった。

サラクサクの峠を越えなければならなかった。焼けただれた乗用車とトラックが山道の端につづき、崖にひっかかっていた。敵の艦載機の襲撃があったばかりだった。何度かトラックを乗り換え、空襲にぶつかってトラックを降りて林のなかに逃げ込み、やっとのことでカガヤン平原のボンファルに到着した。遠くに砲声は聞こえたが、平穏な農村だった。

四班に分かれ、イロカノ族の高床式の家に雑居することになった。イロカノ族はフィリピンで三番目に大きな民族言語集団である。

やがて勝つ、マニラに戻れるのだと三人の子供を抱える若い母親が信じ、電力会社の社員と結婚したフィリピン人のこれまた子持ちの若い母親も同じように願った。

食糧は軍から少量の籾と塩が配給された。それではとても足りないから、着替えの衣服と交換して米を得た。野菜も、肉も、魚もないから、野草の採集が毎日の仕事になった。これがたいへんだった。半年にわたって乾季がつづく大地は干上がり、食べられそうな草はなかった。わずかな草を探してまわるのは、若い娘と国民学校の高学年の子供たちだった。バナナ、ビンロウジュの幹を削り、柔らかい芯の部分を汁の実にした。

敵の飛行機が低空を飛びはじめ、爆発音が近くで聞こえ、大きな火炎が上がるようになった。川に浮かんだ水草を探して広い河原にいた際、爆音が聞こえたと思うまもなく敵機がいきなり真上にきて、その場に伏せたことも何回かあった。

まだ召集されていなかった男たちはマニラから撤退したあと、ボンファルに妻と子供が疎開していると知って、つぎつぎとやって来た。だんだんとその数は増え、笑顔が増えた。

ところが、軍はこの男たちのすべてを召集してしまった。松葉杖の男も容赦なく召集された。一千人の女性と十二歳以下の子供が六百人、この女子供を守るのは領事館員と国民学校の教師、日本病院の医師だけとなった。

若い娘たちが挺身隊をつくり、土地を借り、鍬がないから、竹篦《たけべら》をつくって畑をこしらえ、近くの軍用農場から分けてもらった芋の苗をさした。昼間は敵機が飛びまわるから、苗を植える作業は月夜におこない、翌日から日暮れどきに水をかけることをつづけた。

四月はじめにこの婦女子たちに移動命令がでた。ボンファルにとどまることができたのは三カ月間だった。芋の葉は数を増やしていたが、まだ芋は大きくなっていなかった。一台のトラックもないから、トランクやボストンバッグは中身ごと世話になったイロカノ族の人びとに贈り、数枚の下着とわずかな米と塩の入ったリュックサックを背負っていくことにした。娘たちは赤ん坊を背負った母親の荷物を手にし、子供のいない若い妻がほかの母親の子供の一人、二人の手をひき、はるかさきに青く見える山、飢えとマラリアと赤痢、そして死が待つ谷あいに向かって出発した(83)。

今日出海がボンファルに一泊したのは、その少しあとだった。すでにボンファルの部落という部落は焼かれてしまい、昼間は白く乾ききった街道の真上を敵機が飛び、人影を見れば機関銃火を浴びせた。だが、夜になっても、道路には北に向かう兵士たちの行列もなければ、トラックもなかった。すでにそれぞれの部隊は北部の山へ逃げ込んでしまっていたのである。

美濃部や高木はこうした話を聞いたはずだ。詳しい話ではなかったとしても、居留民の哀れな状況について聞いたにちがいない。

ところで、南原と高木が六月一日に木戸に自分たちの考えを語ったとき、あるいは迫水、美濃部、毛里が六月五日に「民心ノ動向」を考えたとき、北部ルソンの河谷をのぼっていく千数百人の非戦闘員とは比べものにならない数の非戦闘員の悲劇がはじまっていた。

沖縄である。一昨日も、昨日も、今日も一千人の非戦闘員が殺されるのではないかと前に記した。南原と高木は気づいていたかどうか、迫水、美濃部、毛里は注意を払ったのであろうか。

崩壊した首里戦線背後の二十六万人は

四月一日に沖縄本島に敵軍が上陸してから、沖縄の地上戦は今日で七十日目を迎える。この七十日のうち、四月十九日から五月下旬までの三十数日間、主要な戦場は首里《しゆり》と那《な》覇《は》の北面だった。ほかの地域のわずかな守備隊はたちまち壊滅してしまった。

沖縄本島は細長い。時計の短針と長針が七時十分を指す方向にのびる。長さ百キロちょっとだ。幅はいちばん狭いところで三キロ、だいたいが十キロだ。首里と那覇は島の中央よりずっと南にある。南の先端から二十キロだ。

首里は海抜百メートルの台地の上にある城下町で、最高地には城門や宮殿の一部が残り、高い石塀のなかに、木々に囲まれた赤い屋根瓦の旧士族屋敷があった。明治以降は衰退をつづけてきた町で、昨年二月の人口調査で、人口は一万八千人だった。

隣接する海岸低地にある那覇は県庁の所在地である。この県庁庁舎から首里の城跡までは、あいだに細長い真和志《まわし》村を挟み、直線距離で四キロ弱しかない。那覇には波止場があり、師範学校があり、沖縄最大の町であり、沖縄ただひとつの花街である辻町もあった。昨年二月の人口が六万六千人だった(84)。

「だった」と過去形にしたのは、敵軍が沖縄に上陸する六カ月前、昨年十月十日の朝七時前から午後三時近くまで、敵機動部隊の艦載機、延べ九百機に襲われ、正午過ぎには百三十機に集中攻撃された。那覇は焼き討ちにされた日本の都市の第一号となった。それればかりか、現在、敵軍に占領された最初の県庁所在地となったのである。

そんなことになる以前に戻る。

沖縄を守備する第三十二軍は首里城跡と首里南部の丘の下、地下三十メートルのところにそれぞれ全長二キロ、四キロの地下トンネルをつくり、ここを司令部とした。そして、その前面に三重の防衛線を敷いて、二個師団と一個旅団を配置していた。

ほんとうなら、この防衛線を三個師団で守ることができた。ところが、参謀本部作戦課長の服部卓四郎が致命的な誤りを犯し、最優秀の一個師団を今年一月に台湾へ送りだしてしまった。

これによって、敵との空軍戦力の比較など論じるのも無駄、火砲の優劣、戦車性能の比較を語るのも馬鹿げているという状況のなかで、兵力だけは伯仲に近いと言うことすらできなくなった。

四月一日に中飛行場と北飛行場前面の海岸に上陸した敵軍はさほどの抵抗も受けずに南に向かった。敵は航空偵察と無線の傍受・解読によって、首里前面に防衛陣地があることはもちろん、おおよその兵力の規模、兵器の種類、配備の状況を把握していた。ところが、敵軍はこの強固な防衛線にぶつかり、少なからぬ死傷者をだし、本格的な戦いをおこなう準備を整えることになった。

四月十九日に総攻撃をおこなう計画をたて、まず十五日から砲撃を開始し、空母機を含めて爆撃をおこない、その一方で軍需品の集積をつづけた。

そして、十九日の朝六時、五日目の仕上げの砲撃を開始した。二百ミリから七十五ミリまで総計三百二十四門の砲が火を噴いた。十キロの戦線だから、三十メートルに一門という密度だった。前線に二十分間、五百メートル奥に十分間、再び第一線に十分間、合計一万九千発の砲弾を四十分のあいだに撃ち込んだ。そのあとは空襲だった。沖縄の戦いがはじまって以来、最大の規模だった。P51を中心とする延べ六百五十機がナパーム弾を投下し、ロケット弾を撃ち込んだ。海からは十八隻の戦艦と巡洋艦が艦砲射撃をつづけた。

そして、午前七時前、丘の斜面のガジュマルの林はなくなり、崖の蘇鉄《そてつ》と琉球梅も消えてしまい、裸となった丘に戦車と装甲車が前進を開始し、火炎放射器の火炎を周囲にそそぎはじめた。はるか後方で待機していた歩兵部隊の前進は午前七時三十分にはじまった。

敵側は、日本の守備隊員の半分以上は死に、生き残った者の知覚は麻痺してしまい、少なからずの者は戦争神経症に罹っているであろうと予想し、西海岸から東海岸までの十キロの戦線に展開した三個師団は一挙に日本の主陣地を押しつぶし、最前線から四キロ後ろの那覇、首里を席巻し、そのあとは掃討戦で終わりになるだろう、とたかをくくっていた。

だが、地下壕に潜んでいた兵士たちは一トン爆弾と四十サンチ砲弾の炸裂とナパーム弾と火炎放射器の火炎に耐え、敵の歩兵が進んでくるときには、持ち場の陣地に戻り、迫撃砲と機関銃で反撃し、敵の戦車、歩兵との血戦死闘がはじまった。

敵側は予想だにしない激しい抵抗にぶつかり、思いもよらぬ大きな犠牲を払うことになった。敵はこの防衛線を一気に踏みつぶすことはとてもできないと知った。十メートル刻みで爆破していく、一日あるいは二日がかりでひとつの丘を占領するという戦いをするしかないと悟った。

東西十キロ、奥行き四キロのこの苛烈きわまる戦場となったのは二つの村である。浦《うら》添《そえ》村と西原《にしはら》村である。浦添は広さ十八平方キロ、昨年のはじめの人口が一万一千人、西原は十五平方キロ、一万人だった。

この二つの村、浦添の十八ある字《あざ》と西原の二十四ある字、これらの字にある百四十メートルから百五十メートルの高地がすべて血戦場になった。嘉数《かかず》、西原、棚原《たなばる》、屋富祖《やふそ》、安《あ》波《は》茶《ちゃ》、前田、幸地《こうち》、安里《あざと》、いずれもそうだ。

ひとつの陣地が奪われると奪い返すという戦いをつづけたが、第三十二軍は敵の陣地を大きく奪い返すことはできなかった。およそ比較にならない敵の火力がこちらの攻撃を完全に阻止した。五月四日の二回目、最後の大攻勢は敵のじゅうたん砲撃の餌食となった。

攻撃を敢行しても、持久の戦いをしても、手に負えないのが敵の戦車である。敵が大攻勢をかけてきた四月十九日に敵の戦車二十二輛を破壊したのを含め、五月末までに二百輛を超す敵戦車を破壊した。だが、戦車こそもっとも凶悪な敵であり、戦場の支配者だ。互いに協力し合う二台の戦車が先に進み、これら戦車の目となり耳となる歩兵の小隊をあとにしたがえ、反撃のチャンスを待つこちらの兵士が潜む洞窟に火炎を向けるのだ。

低空を飛ぶ敵の観測機がこれまた面倒をきわめた。丘の向こうから近づく敵の歩兵に向けて迫撃砲を射つ準備にとりかかっているところを敵の観測機に見つけられれば、その数分後には沖の駆逐艦の連装砲から毎分三十発の砲弾を浴びせられることになった。

野戦重砲は前線後方の洞窟内に隠し、砲を引きだしてきて射撃をおこない、再び洞窟内に隠し、敵の観測機に発見されないようにしてきた。敵はこの戦法に手を焼き、こちらが知らないことであったが、猛スピードで開発した新式の聴音機を沖縄の戦線に送り込んだ。これがこちらの火砲の位置を正確に割りだした(85)。五月四日、いくつかの連隊が前線を突破し、一挙に奥深く前進しようとしたとき、砲兵は支援のための弾幕砲撃をつづけることになった。その際に敵側に洞窟陣地の位置を捕捉され、砲兵隊員とともに五十九門が爆破されてしまった。

さらに敵味方のあいだには大きな違いがあった。敵の歩兵部隊には充分すぎる食糧の補給があり、休養をとることができた。死傷者が増えれば、その師団を引き揚げさせ、べつの師団に交替させることもできた。

九州からの陸海軍特攻機の攻撃、飛行場への強行着陸による攻撃も、まったく大勢に影響を与えなかった。戦場は一日に百メートルの後退とならざるをえなかった。そして、第三十二軍の戦死傷者はじりじりと増えつづけた。浦添村と西原村にある丘から丘を結ぶ防御陣地はひとつまたひとつと、緑の丘が白い骸骨のような石灰質の山肌をみせるようになってしまって敵の手に渡った。

首里防衛の戦いがはじまって三十日がたった五月二十日、二十一日には、首里の最後の防衛線である西翼と東翼の丘が奪われた。焼け野原となっている那覇に敵軍は侵入した。わが方の五万の将兵は二キロ四方の首里地域で最後の戦いをするか、それとも後退するかという重大な決断を迫られた。

大きな問題は防衛線の背後に避難民がいることだった。

どのくらいいたのか。

五月二十二日のことであったろう。沖縄県警察部長の荒井退造は県知事の島田叡《あきら》と相談して、内務省につぎのような電報を打った。

「六十万県民タダ暗黒ナル壕内ニ生ク。コノ決戦ニ敗レテ皇国ノ安泰以テ望ムベクモナシト信ジ、コノ部下ト相トモニ敢闘ス[86]」

首里戦線の背後に六十万人はいなかった。

敵軍が上陸したのは読谷《ゆんたんざ》山村と北谷《ちやたん》村の海岸だが、昨年の二月の人口調査で、読谷山に一万六千人、北谷に一万六千人が住んでいた。そして、前に見たとおり三十日間つづいた戦場は、浦添村と西原村である。両村合わせて二万一千人が住んでいたことは前に述べた。

これら四つの村のほか七つの村をもって中頭郡《なかがみ》を構成する。いずれの村も戦場になったこの郡に、合わせて十四万人が住んでいた。那覇と首里に八万人が住んでいたことは前に記した。

昨年二月の時点で、のちに苛烈な戦場となるこの地域に二十二万人が住んでいた。沖縄本島の全人口の四割ほどにあたる。

この五月二十二日、いったいこの二十二万の人はどうしていたのであろう。

本土と沖縄との交通が途絶するこの三月はじめまで、県外に疎開した人たちの総数は八万人だった。あらかたが九州に疎開した。このなかには集団疎開の学童五千五百人も入っている。

島内の疎開では、軍隊を配備していない国頭郡《くにがみ》への疎開を奨励した。沖縄本島は北から国頭郡、つづいて中頭郡、那覇市、首里市を挟んで島尻郡《しまじり》がある。この三つの郡のことを地元では、カミ、ナカカミ、シモと呼んでいる。

那覇やナカカミの女子供はカミに疎開することになった。だが、食糧不足と寝泊まりするところが足りないことから、三万人が移っただけだった。敵軍が上陸する前に自分の住まいに戻った者も多かった。

防衛隊に召集された者と軍の指揮下に入った男女中学生は合わせて二万人ほどだった。

そして、昨年十月に人口六万六千人の那覇市が焼かれて、カミやシモへ移った家族もいた。

そこで敵軍が四月一日に上陸する以前、この地域に残る一般住民は二十二万人が十六万人ほどに減っていたのであろう。敵軍が嘉手納《かでな》に上陸して、ナカカミの七つの村に残っていた住民は恐怖と混乱状態のなかで避難をはじめた。逃げ遅れて、あるいは逃げる途中で爆死した人たちがいたし、敵の手に捕らえられた者もいた。

余計な話になるが、ここで語っておこう。敵側は前もって計画をたて、沖縄本島に侵攻したあと、「前進線内で遭遇すると予想される民間人」の数字を予測し、「上陸日から三日あと」には五千人、「上陸日から五日あと」には一万人、「上陸日から十日あと」には二万五千人、「上陸日から四十日あと」には三十万人といった具合に数え(87)、収容所の設置を計画していた。

実際には、上陸日から四十日あとの五月十一日、「保護住民」の数は十四万二千人だった(88)。あらかたがカミの住民だったのであろう。五月二十二日には十四万四千人だった(89)。首里戦線は膠着状態にあったから、五月十一日から二十一日にかけてわずかに保護住民が増えたのは、山に隠れていたカミの住民が新たに捕らえられたからなのであろう。

ナカカミへ逃げた人たちは那覇市の周辺の丘にある壕を住まいにしていた。丘の上の横穴式の掘り込み墓を開け、骨壺をだし、なかで寝泊まりした人びともいた(90)。落下する爆弾の破裂音はだんだん大きくなった。首里、那覇の近辺で一カ月にわたって壕生活をしていた避難民はさらに南へ移った。昼間は壕に潜んでいた那覇市と首里市の住民も南へ避難することになった。

軍司令部が沖縄本島南端への後退を決めた五月二十二日、首里防衛線の背後にいたナカカミ、首里、那覇からの避難民の数は十二万人ほどではなかったか。そして、島尻郡の人口は昨年二月に十五万人ほどだった。現在、一般住民は十四万人ぐらいであろうか。十二万人の避難民と十四万人の住民が防衛線の背後にいた。にもかかわらず、軍司令部は最南端に後退する計画をたてた。

どんなことが起きるか、軍司令官、参謀長、幕僚、各師団の幹部たちにははっきりわかっていたはずだ。十二万の避難民は五万の将兵の退却に巻き込まれる。そして、シモの住民十四万人が新たな戦場に放り込まれる。

軍司令官の牛島満《みつる》と参謀長の長勇《ちょういさむ》は避難民の問題を考慮して、知念《ちねん》半島への後退を指示すべきだった[91]。西に突きだしている小禄《おろく》半島には海軍部隊が陣地を築いていたが、太平洋側の東に突きだした知念半島には守備部隊の配置はなかった。

軍司令部の首脳が十二万人の避難民の安全のことを考えたのであれば、県知事の島田叡と荒井退造が掌握する四百人の警察警備隊に命じて、恐慌状態に陥っている避難民に、後退する軍隊のあとをついて南に向かわないようにと指示させ、東へ向かえ、知念半島へ行くようにと指導させ、軍司令部は、首里戦線東翼に残す後衛部隊にいましばらく持ちこたえよと命じるべきだった。

そして、最終的には敵軍による非戦闘員の収容に依存することになるにしても、避難民に食糧を持たせるようにすべきだった。

軍司令部はそうしたことをなにひとつすることなく、司令部を南の端、喜屋武《きやん》半島に後退させることにした。前もって陣地がつくってあり、自然の洞窟である鍾乳洞も数多くあり、充分ではないが軍需品の集積もあった。

だが、撤退作戦がうまくいく見込みは少なかった。退却がはじまれば、敵の猛烈な追撃がはじまることを覚悟しなければならなかった。退却中に追撃されれば、五万の将兵の半分を失うことにもなりかねなかった。放棄する首里から新たに軍司令部の置かれる喜屋武半島の端までは東京駅から多摩川下流の六郷川の鉄橋までの距離しかない。かりに後退中の損害がわずかであっても、最後の拠点に配置される部隊は通信機能が完全に麻痺し、相互支援はできず、孤立してそれぞれ最後の戦いをすることになるのは目に見えていた。

五月二十五日の夜に後退をはじめた。雨がつづいていた。沖縄の梅雨は平年並みに五月十一日にはじまり、この退却のあいだも雨は降りつづいた。敵の飛行機は飛ばず、敵の戦車は動くことができず、散発的な小競り合いがつづくだけで、雨のなか、そして闇にまぎれての後退はうまくいくかと思えた。ところが、翌五月二十六日の正午近く、雨はつづいていたが、敵軍の監視哨はこちらの部隊が南に移動しているのを見つけた。海上の巡洋艦から発艦した水上偵察機が首里から南に向かう道路に車輌と軍隊の隊列を見いだした。巡洋艦と他の艦艇の主砲、副砲が射撃を開始し、陸上部隊の重砲も砲撃をはじめた。後退する四千人の部隊はあらかたが殺されてしまった。

だが、そのときには敵は全戦線の退却がはじまったとはまだ思っていなかった。五月二十九日、敵はこちらの撤退に気づいた。翌三十日、全戦線での敵の大攻勢がはじまった。一日じゅう雨がつづき、その日だけで降雨量は五〇ミリを越した。泥沼のなかを敵の戦車と歩兵は退却するわが部隊を追ってきた。敵軍はこの日、首里を占領した。

前に述べたとおり、敵の進撃速度はそれまで一日に百メートルだった。ところが、こちらの退却がはじまって、その進撃速度は一日に一千メートルとなった。敵は手を緩めなかった。舗装していない道路はぬかるみとなり、トラックは動かないから、トラクターで弾薬と食糧を最前線の部隊に運び、雨のなか輸送機を飛ばし、パラシュートで弾薬と水と食糧、そして負傷兵のためにモルヒネと血漿を投下した。

翌六月一日、天皇は、参謀次長の河辺《かわべ》虎四郎《とらしろう》が第三十二軍司令官の牛島満中将が参謀総長に宛てた訣別を告げる電報を声を詰まらせながら読みあげるのを聞いた。天皇もまた沈痛な顔をつづけ、言葉少なかった。[92]

それから三日あとの六月四日、朝刊には「敵部隊は那覇市内に侵入、さらに首里城址も突入し来る(93)」と載った。鎌倉に住む三人の作家は日記に沖縄の戦いのことを記した。

島木健作はつぎのように書いた。

「沖縄作戦は思わしくない。地上戦闘が押され気味である。首里、那覇を結ぶ線がついに突破されたらしい。空も海も完全に敵の手にあるというわけでもないであろうのに、何故に、新しい地上勢力を補給し得ないのか、我々には理解することができない。今までの離島作戦とはちがうということを聞いていたが結局同じことになるのではないかという不安をおさえることができない(94)」

高見順はつぎのように記した。

「沖縄の急迫化を新聞は伝えている。那覇市内、首里城址に敵は侵入したという。沖縄も駄目なのだろうか。沖縄が敵の手に落ちたらどうなるのだろう(95)」

大佛次郎はつぎのように書いた。

「沖縄の為朝《ためとも》を完了。朝刊を見ると那覇首里もいよいよ駄目らしいので全篇について多少調子を変える必要が生じた。『急迫』と報道せられると玉砕と続くものと見なければならぬ。一つ覚えのように繰り返して止まるところを知らぬのだから軍人には神経はないのである(96)」

島木、高見、大佛は首里戦線が崩壊してしまったと知って、その背後にいるであろう非戦闘員はどうなったのか、どうなるのであろうという懸念を日記に記さなかった。

その翌日の六月五日、迫水、美濃部、毛里が「民心ノ動向」を考えたとき、本土の戦いは北部ルソンと同様の戦いになると思ったのではないかと記した。かれらは沖縄の戦線が崩れてしまったと知って、砲撃や爆撃に巻き込まれる非戦闘員のことが頭に浮かばなかったのか。無自覚のうちにそれを考えまいとする気持ちが働いたのであろう。

南原繁と高木八尺はどう考えたのか。

天皇は六月一日に参謀次長から沖縄の戦況報告を直接に聞いたが、その後は今日まで書類上奏である。侍従武官長から報告書を受け取ってきている。おそらく参謀本部作戦課は沖縄の戦況を報告するにあたって、非戦闘員のことについてはなにも記していないのであろう。第三十二軍司令部は市谷台にそうしたことを報告していないにちがいない。そして、新聞は「地上戦闘頓《とみ》に急迫」「全線に亙《わた》って苦戦」「泥濘の沖縄に血闘　山野埋む敵屍累々」とは報じても、沖縄の一般住民のことについてはなにも触れていなかった。

どんなことが起きているのか。

首里、那覇から南に通じる暗夜の雨のなかの道路を疲労した人たち、空腹の人びとが歩いている。暗闇と悪天候のため数メートルさきも見えず、手をつなぎ、前の人の背中の風呂敷包みをつかみ、泥田のようなぬかるみにそっと足をおろし、べつの足をあげる。そのとき打ち上げられた敵の照明弾がこれこそ地獄という荒涼たる光景を浮き上がらせる。あわてて泥のなかに身を伏せた人びとが恐る恐る頭を上げる。そここに大きな穴がぽっかりとあき、木が倒れている。ついさっきまでつづいた砲撃の跡だ。銀色に照らしだされたものが目の前にあり、そのさきにあり、いくつもある。雨に濡れた死体だ。ずっとさきまである。だが、かれらはさきほど何度か足にあたったもの、踏みつけたものも死体だったとは気がつかない。昨日、死んだ人たちはすでに固いのだ。

防衛線背後の壕にいた避難民と島尻の住民は軍隊に置きざりにされることを恐れ、小人数のちりぢりになった兵士や負傷兵のあとを追う。夜のぬかるみの道路は南に向かう女子供と兵士が混ざり合う。どうせ死ぬのなら、とっくに焼かれてしまったであろう自分の家、自分の畑、自分の家の墓に戻ろうとする家族もいるが、人びとの行列に逆行するのが怖くなり、足をとめ、流れに従うことになる。

ところで、敵はこちらの軍隊の退却が夜のあいだだと承知している。夜間、海岸のすぐさきにいる敵の艦艇は道路の要衝に標定砲撃をする。こうして道路に数百人の死体がころがることになる。

砲撃を逃れた避難民は夜が明けきるまでに壕や沖縄独特の洞窟墓を見つけねばならず、壕が人でいっぱいなら、溝でも、豚小屋でも、身を隠すところを探さなければならない。そして、畑に残っているかもしれないさつま芋を急いで掘るか、砂糖黍を抜いてこなければならない。

敵軍の今日の侵攻のはじまりを告げる朝の砲撃が壕をゆるがす。この壕に何日いられるのだろうと話し合っているとき、壕に入ってきた兵士たちに、ここは陣地になる、お前たちはもっと後ろに下がれと追いだされる。

天皇は決意する

天皇、美濃部洋次、大佛次郎、南原繁、だれもがこうしたことを知らない。だが、想像はできるはずだ。その想像を口にしたくないだけのことなのである。

ましてや、そうした想像を人の目に触れる文章に書き込むことは、とてもできない。大佛次郎は首里、那覇の陥落を知って、沖縄における鎮西八郎為朝の文章に手を入れたと日記に記したことは前に触れた。書き加えた箇所を含めての最後の二節はつぎのとおりである。

「熱帯の巨樹の森々と繁った中に在って、海岸の干潟《ひがた》の石を運んで築いた首里の城の結構は見事であった。また、そこの望楼からは海原を隔てて慶良間《けらま》列島も見え東に中城《なかぐすく》湾の紺碧の色を望むのである。現在そこの星の明るい夜に我が特攻隊が花と散って凄絶な火柱を上げている海がこの海、そして那覇も首里も敵の暴圧下に在るという。神話の中のもののように美しい街が無残に砕かれたことであった。為朝がいた王城の幻影はすでに消散し、鉄の塊量と血の、必死の格闘がこの土地を覆っているのである。

本土でさえ碑文を漢文で刻し続けて怪しまずにいた昔に、沖縄びとは純粋の大和の言葉、仮名で石碑の文章を書いて記して来た人々であった。また刻々と散文的に成りまさって来た現代にも、少女のことを『みやびら』と称える島々を残し、朝夕の挨拶に候言葉の痕跡を保存してきた人々――日本の中のやまとであった。われわれの祖先の霊は泣いて問うのである。この清潔な島々を、敵に委ねてよいものであろうか？」[97]

ここまで書くのが精一杯だった。かれは大佛次郎の筆名を使うことなく、野尻清彦と署名した。

十五メートルもあろうか、背の高い栗の木の林のなかの小道を天皇は歩く。重ねて頭に浮かぶのは、天皇陛下はどうなさっているのかという国民の声なき声があると南原と高木という東大の教授が語ったことであり、一億玉砕を叫び立て、本土決戦をおこなうことになり、多数の非戦闘員が殺されることになれば、陛下にたいする怨みは噴出するという言葉だったにちがいない。

そして天皇は南原と高木が説いたさらにべつのことを思いおこすことになるはずである。アメリカの政府と軍の指導者にしてみれば、日本との戦いを早急に終わりにすることができず、しかも日本国民と皇室のあいだに裂け目が生じ、それがひろがっていくことを知るようになれば、考えを変え、ソフト・ピース派を追いだし、ハード・ピース派を重要ポストに据えるのではないかという推測である。

首相、陸軍大臣、枢密院議長、重臣たち、だれもが国体を護持するために戦いをつづけねばならないのだと主張してきた。そして、戦いをつづけていれば、必ずや敵は譲歩をすることになると考える人が少なからずいることも天皇は承知している。天皇自身、そう考えてきた。

だが、敵側が和平条件を緩和するのではないかという期待を頼りに戦いをつづけることはできない。戦いをつづければ、苦難を負う国民の絶望は深まるばかりか、アメリカの対日政策の転換を招くことになり、戦争責任者を処罰せよという声はいよいよ高まり、国体の護持が難しくなるばかりか、日本はいっそう厳しい降伏条件を押しつけられることになる。

天皇は南原と高木が説くとおりだともういちど思ったのではないか。

昨夜からの雨はあがったばかりだ。紫陽花の花は濡れている。カマキリが紫陽花の葉の上にいる。昨日は一日、小雨が降りつづいた。一昨日はずっと曇りだった。沖縄では今日も雨がつづき、泥濘のなかで戦っているのであろうか。

沖縄は梅雨に入り、豪雨がつづくため、敵の飛行機と戦車は動きがとれないといったことを天皇は梅津美治郎から聞いたことがあったにちがいない。そして、侍従武官のひとりから沖縄の梅雨が明けるのは六月二十三日ごろだと聞きもしたのであろう。だが、梅雨が百万の援軍となるはずもなく、沖縄の梅雨が明ける前に、沖縄の戦いは終わってしまうのであろうと天皇は考えよう。

その六月二十三日は、つぎのつぎの土曜日だと天皇は思うにちがいない。東京は暦の上では、明後日、十一日が入梅だ。六月二十三日には田植えをしなければならないのだと天皇は考えることになろう。吹上御所の圃場《ほじょう》で毎年、田植えをおこなう。

田植えのことを考えれば、根こそぎ動員がはじまって、農家の田植えの手は足りるのだろうかと天皇は思い、兵士たちは田植えを手伝っているのだろうかと考え、地下壕を掘るのだから人をだせと陸軍は村役場に無理な要求をしているのではないかと心配にもなるのだろう。

そして、天皇はさきほどの木戸の「収拾案」を思いだすことにもなるはずだ。「全国の都市と云わず村落に至る迄、しらみ潰しに焼き払うことはさしたる難事にあらず[98]」と述べていた。敵はガソリン入りのドラム缶爆弾を田圃に投下し、刈り入れ前の稲を焼こうとするかもしれない。

そして、天皇の考えは吹上の圃場の稲刈りが終わったあとの十一月二十三日の新嘗祭のことになるにちがいない。新嘗殿でおこなわれる新嘗祭の祭は、その年にとれた新米を天照大神と八《や》百萬《およろず》の神々に天皇が給仕し、ともに食事をするという儀式だ。夕刻から二時間ほどの夕の儀と、真夜中におこなわれる暁の儀とに分かれ、宮中の数多くある大祭のなかでも、もっとも大切な祭儀である。

前日の二十二日には前夜祭にあたる鎮魂祭がおこなわれる。宮中のあらゆるものを清めなければならず、宮廷、宮内省に勤める者は朝から晩まで忙しい[99]。だが、表御座所と御常《おつね》御殿のすべてが焼けてしまったから、鎮魂祭はわけなく終わることになろう。

そして、翌二十三日の祭事は昨年は新嘉殿でおこなわれることなく、「吹上の付属室」と呼ばれている吹上御所の地下防空壕でおこなわれた[100]。今年はどうなるのだろうか。

さらに天皇は神前のお供えものはどうなるのかと考えよう。お供え、お神酒をつくる米は吹上の圃場のものだけでない。全国の篤農家からの新嘗祭のための供穀は、各府県ごとに精米一升、精粟五合までと定め、毎年十月三十日までに宮内省に納められるようにと決めてある[101]。明治二十五年から半世紀以上にわたってこの供穀はつづいてきた。だが、これも終わりになる。そして、新嘗祭の儀式を古式どおりにおこなうことはできないかもしれない。

天皇はひとりうなずいたのであろう。

天皇は戻る道で地面に数限りなく落ちているのが栗の雄花《おばな》の穂だと気づき、あとから来る徳川義寛に指さしたのではなかったか。ヨシのあいだからヨシキリが飛び立つ。

午後二時五十分、天皇は御文庫に戻った。

（第10巻、了）

引用出典及び註

(1) 特に重要と思われるものについてのみ出典を明記した。
(2) 引用中の旧仮名は新仮名に改めた。また読みやすさを考慮し、表記を改めたり、言葉を補ったりした場合がある。
(3) 「木戸幸一日記」「天羽英二日記」等、文中にて出典がわかるものは、特に出典を明記しなかった場合がある。
(4) 同一資料が二度以上出てくる場合は、発行所及び発行年度は初出時に記載するにとどめた。

第29章　天皇、皇太后、直宮、内大臣

(1) 泉光秋〈第二三三設営隊長始末記〉「海と空と友と　第一期海軍二年現役主計科士官四〇周年記念文集」珊瑚会　昭和五三年　二二二頁
(2) 徳川義寛「徳川義寛終戦日記」朝日新聞社　平成一一年　二二四頁
(3) 「徳川義寛終戦日記」一四五頁
(4) 加瀬英明「天皇家の戦い」新潮社　昭和五〇年　六三―六四頁
(5) 「昭和二十年　第9巻」一七六頁
(6) 天皇は成人してから、小説のたぐいはもちろん、歴史書も読んだことはないのではないかと本文で述べた。これに反対の主張があるようだから、記しておこう。岩見隆夫氏は「陛下の御質問」(毎日新聞社　平成四年) のなかで、「王室史も含めて、昭和天皇は歴史好きでもあった。明治の西洋史学者、箕作元八（一八六二―一九一九）の著書『仏蘭西大革命史』『西洋史講話』

などを、天皇はボロボロになるまで読んでおられた、と黒田（瑞夫元外務省情文局長）は入江相政侍従長から聞いている」（一〇三頁）と述べている。

(7) 東方学会編「東方学回想1　先学を語る」刀水書房　平成一二年　四一頁
(8) 真崎秀樹「側近通訳25年　昭和天皇の思い出」読売新聞社　平成四年　一三九頁
(9) 磯野直秀「三崎臨海実験所を去来した人たち　日本における動物学の誕生」学会出版センター　昭和六三年　一四二頁
(10) 柏原精一「天皇陛下とヒドロ虫（中）」「科学朝日」昭和六四年二月号　九一頁
(11) 箕作元八編「世界大戦史　後編」冨山房　大正八年　第二部　五六頁
(12) 「倫理御進講草案」杉浦重剛先生倫理御進講草案刊行会　昭和一三年　一〇六〇頁
(13) 「昭和二十年　第8巻」三〇五頁
(14) 「側近通訳25年　昭和天皇の思い出」二〇六頁
(15) 「昭和二十年　第8巻」二九九頁
(16) 原田熊雄「西園寺公と政局　第六巻」岩波書店　昭和二六年　二八八頁
(17) 「昭和二十年　第8巻」三〇七―三一二頁
(18) 西浦進「昭和戦争史の証言」原書房　昭和五五年　一五五頁
(19) 防衛庁防衛研修所戦史室「戦史叢書　大本営海軍部・連合艦隊(1)」朝雲新聞社　昭和五〇年五五八頁
(20) 「昭和二十年　第8巻」三三七頁
(21) 「昭和二十年　第8巻」三三一―三三六頁
(22) 木戸幸一「木戸幸一日記　上巻」東京大学出版会　昭和四一年　四九四頁
(23) 「昭和二十年　第8巻」三〇五―三〇六頁

(24) 沢田茂「参謀次長　沢田茂回想録」芙蓉書房　昭和五七年　四一頁
(25)「昭和二十年　第8巻」二三二頁
(26) 山本親雄「大本営海軍部　回想の大東亜戦争」白金書房　昭和四九年　一二〇頁
(27) 東久邇稔彦「東久邇日記　日本激動期の秘録」徳間書店　昭和四三年　一〇八頁
(28) 高松宮宣仁親王「高松宮日記　第八巻」中央公論社　平成九年　八五頁
(29)「昭和二十年　第8巻」三二六頁
(30)「高松宮日記　第七巻」五〇二頁
(31)「高松宮日記　第七巻」五〇二頁、五〇七頁、六〇二頁
(32) 野村実〈軍令部での宮様〉「高松宮日記　第七巻　付録7」
(33)「昭和二十年　第9巻」四三五頁、四八一頁
(34) 若槻礼次郎氏は戦後、昭和二十年二月十九日の単独拝謁について、つぎのように述べている。
「しかも敵の潜水艦の攻撃により、わが運送船の多数が撃沈せられたことによって、資材の不足の程度が予期以上に増大するようになりました、と申し上げた。これを聴かせられて、陛下はややうなずかせ給うたように拝した。これは私の気のせいではなかったと思う。さてここまで申し上げれば、次に結論として、本土決戦などといっても、この不利な形勢が逆転する見込みもないのであるから、『どうしても休戦する外はありません』と申し上げなければならない。無論私の肚の中はそうであったが、しかし私は、それを口へ出していうことができなかった。そこが私の至らない所でざんきに堪えない次第であるが、どうも直接陛下の御前で、目のあたりに陛下の御英姿を拝して『降参なさい』という意味のことは、何としても言上できなかった」(「若槻礼次郎自伝　古風庵回顧録」読売新聞社　昭和二五年　四四二頁)
(35)「徳川義寛終戦日記」一六八頁

(36)「高松宮日記　第八巻」三八頁
(37)「高松宮日記　第八巻」四三頁
(38)伊藤隆ほか編「真崎甚三郎日記　昭和十八年五月—昭和二十年十二月」山川出版社　昭和六二年　三四八頁
(39)加瀬英明「天皇家の戦い」三五頁
(40)重光葵「重光葵手記」中央公論社　昭和六一年　四五四頁
(41)編者代表・伊藤隆「高木惣吉　日記と情報　下」みすず書房　平成一二年　八五五頁
(42)「昭和二十年　第9巻」四四一—四四二頁
(43)防衛庁防衛研修所戦史室「戦史叢書　大本営陸軍部(5)　昭和十七年十二月まで」朝雲新聞社　昭和四八年　五六一頁
(44)木戸幸一「木戸幸一日記　下巻」東京大学出版会　昭和四一年　一〇〇三頁
(45)「高松宮日記　第七巻」二四〇頁
(46)「昭和二十年　第5巻」一七九—一八一頁
(47)「徳川義寛終戦日記」一八頁
(48)「昭和二十年　第8巻」二九七頁
(49)「木戸幸一日記　下巻」一一一七頁
(50)「木戸幸一日記　下巻」一一一三頁
(51)「続・重光葵手記」二〇八—二〇九頁
(52)「東久邇日記　日本激動期の秘録」一三五頁
(53)「昭和二十年　第9巻」三六七—三六八頁
(54)「昭和二十年　第6巻」三八二頁

(55) 松本清張「昭和史発掘　1」文藝春秋　昭和四〇年　一〇四頁
念のために付け加えれば、松本氏は松井亀太（成勲）のことを村井亀吉の仮名で登場させている。

さらに付け加えるなら、松本氏がこの本を書いたとき、松井氏は健在だった。「『最も嫌疑濃厚なる人物』は、現在もまだ東京の近くの土地にまったく変わった姿で生きている」と松本氏は綴った。

矢次一夫氏、児玉誉士夫氏と同じように、戦後も松井氏は活躍した。首相となった岸信介氏、そのときの自民党幹事長の川島正次郎氏がかれのクライアントだった。

(56) 木戸幸一氏は「華族──明治百年の側面史」（北洋社　昭和五三年　一五六頁）のなかで、つぎのように語っている。
「ぼくは一カ月も前から情報をキャッチしていましたよ。こんど軍がえらいことをやる。何でも一千名くらいの人間が動くという情報なんです」

宮廷の内外を結ぶ要の地位にいる高官、このさきも大事な顧客となる人物にこの重大な情報を告げたのは、「一千名くらいの人間が動く」ことを承知していた松井成勲氏ではなかったのか。

(57) 「木戸幸一日記　上巻」四七七頁

(58) 「昭和二十年　第1巻」一九〇─一九二頁
「昭和二十年　第8巻」三八七─三八八頁

(59) 鈴木貞一氏は昭和四十年二月につぎのように述べている。
松井成勲は「ちょっと複雑な人です。そして、方々を歩いて情報を集めて、森恪の所へ書いたものを持って来ていたね。色々といい情報を持って来ておりましたよ。しかしなかなか複雑

な男でしたね」（木戸日記研究会「鈴木貞一氏談話速記録　下」昭和四〇年　一二二頁）
　そのとき、鈴木氏は松井氏のなにを思い浮かべてそのように言ったのであろう。

(60) 塚本誠「ある情報将校の記録」芙蓉書房　昭和五四年　二六七頁
(61) 「昭和二十年　第9巻」四二九頁
(62) 「昭和二十年　第8巻」一〇四頁
(63) 菱刈隆永〈昭和二十年九月二十七日　第一軍需廠配属　東京帝国大学文学部勤労報国隊報告書〉「東京大学史紀要」第十七号　四九頁
(64) 「昭和二十年　第9巻」一〇五頁、一二四頁
(65) 「昭和飛行機四十年史」昭和飛行機株式会社　昭和五二年　七四頁
(66) 吉武有真〈戦争末期の苦闘〉「造船官の記録」今日の話題社　平成三年　四二三頁
(67) 「昭和二十年　第9巻」一二四頁
(68) 「昭和二十年　第9巻」九八頁
(69) 菱刈隆永〈昭和二十年九月二十七日　第一軍需廠配属　東京帝国大学文学部勤労報国隊報告書〉「東京大学史紀要」第十七号　五三頁
(70) 「波濤と流雲と青春と　第二期二年現役海軍主計科士官四十周年記念文集」五月会　昭和五五年　二〇九頁
(71) 「昭和二十年　第8巻」三八九―三九一頁
(72) 「昭和二十年　第6巻」一四頁
(73) 前田龍夫〈私の海軍時代〉「続・造船官の記録」今日の話題社　平成三年　六六頁
(74) 「昭和二十年　第9巻」一〇二―一〇四頁
(75) 矢部貞治「矢部貞治日記　銀杏の巻」読売新聞社　昭和四九年　八一六頁

(76)「昭和二十年　第5巻」六一頁
(77)東京大学百年史編集委員会「東京大学百年史通史二」東京大学出版会　昭和六〇年　六五九頁
(78)高橋誠一郎「随筆　慶応義塾」三田文学ライブラリー　昭和四五年　三五六頁
(79)「昭和二十年　第8巻」二五七頁
(80)松本重治「上海時代」中央公論社　昭和四九年　二四頁
(81)「高木惣吉　日記と情報　下」五六六頁
(82)「昭和二十年　第4巻」二三三頁
(83)高木八尺「高木八尺著作集　第三巻」東京大学出版会　昭和四六年　二八五頁
(84)木戸日記研究会・編「木戸幸一関係文書」東京大学出版会　昭和四一年　四八〇頁
(85)「木戸幸一関係文書」四八〇頁
(86)「昭和二十年　第8巻」一九五頁
(87)高村坂彦「真実の上に立ちて」白文社　昭和二九年　五一頁
(88)高木惣吉氏が「対米情報網は第一が同盟通信の松本重治連絡系」と記したその松本重治氏は、昭和三十四年刊行の「現代アメリカの内政と外交」に載せた論文、「高木八尺先生の学外活動」のなかで、昭和十六年の高木氏のことを記した。「この時期に、先生がいかに憂え、いかに祈り、いかに考え、いかに行動されたか、親しく交際を願っていたものにも、その諸般の真相、とくに先生の胸奥に去来されたところはこれを詳らかにし得ない」
それからおよそ十年あと、緒方貞子氏にたいして高木氏はわずかに自分がしたことを述べたようだ。

緒方氏は「国際主義団体の役割」（細谷千博ほか編「日米関係史　開戦に至る十年　3　議会・政党と民間団体」東京大学出版会　昭和四六年　三四〇―三四一頁）のなかでつぎのよう

に説く。

「一九四一年夏、近衛がアメリカとの和解に達すべく最後の努力としてローズヴェルトとの会談を実現しようとしたとき、高木は近衛の最も密接な助言者として活躍した」

この部分に注は入っていないが、昭和四十三年九月二十三日に高木氏が緒方氏に語ったことの要約であると思える。

高木氏が自分が昭和十六年にしたことをはっきりと述べなかったのはなぜだろう。失敗に終わった日米首脳会談への橋渡し工作、これも失敗に終わった内閣首班に軍人を選ぶことへの反対の提言、これらの活動を語るのを潔しとしないという、もっともな理由があったのであろう。戦後長いあいだ勢威をふるった大学内のマルクス主義者たちが、学者たるものが非共産主義政府に協力することは、悪のうちの悪であるといった奇怪な雰囲気をつくりあげるのに成功していたことも無視できないだろう。

こうしたことから、高木氏はアメリカとの戦いの回避に努力したこと、そればかりか、戦いを終わらせることに努めたことを記述することも、語ることも控えたのではないかと思う。

第30章　ルーズベルトとグルー

（1）鳥居民〈いままでだれも書かなかったこと〉「草思」平成一一年九月号
（2）「昭和二十年　第9巻」一二〇頁
（3）Liu, Xiaoyuan. *A Partnership for Disorder*. Cambridge University Press, 1996, p. 132.
（4）「昭和二十年　第9巻」四二〇頁
（5）スタンレー・K・ホーンベックについて付け加えておこう。かれは極東問題研究の先駆的存在だった。一九〇九年から一九一六年まで中国のいくつかの大学で教鞭を執った。一九一八年から一九一九年のパリ講和会議、一九二二年のワシントン会議に専門委員として出席し、つねに日本にたいして厳しい態度をとった。一九二八年からは国務省に勤務し、ずっと蔣介石の国民政府を支持し、日本にたいする禁輸、国民政府への援助を主張してきた。かれが一九四一年に日本との和平の糸口を潰したことは本文で記した。

かれの念願どおり、日本との戦争となった。そして、日本との戦争が終わったあとには、かれはルーズベルトに協力して、中国を大国化する政策にしっかり取り組まなければならないはずであった。ところが、かれは一九四四年九月にオランダ大使に任じられた。一九四七年五月に辞任し、官界を去った。

(6) 「昭和二十年　第9巻」四二〇頁
(7) 「矢部貞治日記　銀杏の巻」七三四、七三五、七六二、八一一、八一五頁
(8) Willkie, L. Wendell, *One World*. Simon and Schuster, New York, 1943, p. 133.
(9) Willkie, L. Wendell, *One World*. p. 148.
(10) Lippmann, Walter. *U. S. Foreign: Shield of the Republic*. Little, Brown And Company, Boston, 1943, pp. 158–159.
(11) 芦田均「芦田均日記　第一巻」岩波書店　昭和六一年　一〇頁
(12) 「昭和二十年　第8巻」二六八頁
(13) 細川護貞「細川日記」中央公論社　昭和五三年　三二七頁
(14) ジョゼフ・C・グルー　石川欣一訳「滞日十年」毎日新聞社　昭和二三年　二一四―二一五頁
(15) 「細川日記」一三五頁
(16) セオドア・コーエン　大前正臣訳「日本占領革命（上）」TBSブリタニカ　昭和五八年　四

(17) ウォルド・H・ハインリックス　麻田貞雄訳「日米外交とグルー」原書房　昭和四四年　三三五頁

(18) 「東久邇日記　日本激動期の秘録」一六一頁

(19) 「昭和二十年　第2巻」三六八―三六九頁

(20) 伊藤隆ほか編「真崎甚三郎日記　昭和十八年五月―昭和二十年十二月」二九一頁

(21) どうしてルーズベルト大統領はジョゼフ・グルーを国務次官にしたのか。

グルーについての研究論文は、麻田貞雄氏の訳したウオルド・H・ハインリックス氏の「日米外交とグルー」がよく知られている。日本の研究者であれば、中村政則氏の〈グルー文書覚書1『滞日十年』の設立事情〉といった丹念に調べた論文がある。ほかにもグルーにかかわる論文は数多くある。

ところが、どうしてルーズベルトがグルーを登用したのか、一九四七年にはじまる大きな戦線変更の前駆現象といってよい、この象徴的な政策変更がなぜ起きたのか、だれもが考えることをやめている。

おそらく「日米外交とグルー」のなかで、ハインリックス氏がこれを解明することを避け、なにも述べなかったことが理由で、かれのあとの研究者もこの問題を考えることを省略したのであろう。

たとえば五百旗頭真氏の「米国の日本占領政策（上下）」も精緻な論文であるが、つぎのように述べる。「グルーは『日本派』としての資格ゆえに次官に選ばれたのではなく、『日本派』であるにもかかわらず選ばれたのである」(「米国の日本占領政策・下」一〇一頁)

中村政則氏が説いたところも記しておこう。「四四年一月十五日、アメリカ国務省内に極東問題局が設置され、中国派のスタンレー・ホーンベックが局長に就任する。しかし、ホーンベックは三カ月半で辞任、代わってグルーが極東問題局長のポストについた（同年五月一日）。いまやグルーを先頭とする日本派の発言権は強まり、かれらは国務省の対日政策決定に大きな影響を行使するようになった」（〈グルー文書覚書1『滞日十年』の設立事情〉「UP」昭和五六年七月号　一〇頁）。なぜグルーが一九四四年に国務省の高官に起用されたのかの考究がないために、一九四五年八月にかれとかれの右腕のドーマンが退陣したのはどうしてなのかも考えようとしない。だれもが「戦争が終わると同時に結局日本派は敗北して」と述べるにとどまり、なんの検討もしていない。

研究者がまったく考えようとしなかったことはほかにもいくつかある。つぎのようなこともそのひとつだ。

戦争末期、首相をはじめ、外務省、陸海軍、宮廷の高官と高級軍人、途方にくれていたこれらの人たちはジョゼフ・グルーに大きな期待を懸けていた。なるほどかれらのだれもが日記にそうした思い、考えを記すことはなかったし、のちになって回想録にそうしたことを書くこともなかった。

当然なことだった。昭和十九年、二十年の前半、降伏についての自分の考えを日記に記すのは、だれにもできないことだった。ましてや、降伏条件の緩和を敵国の一官吏に期待するようなことを記すのは、情けない、あまりに惨めすぎると思ったからである。

だが、本文、一二〇頁で述べたように、日記にこの問題を記してしまった人がいた。そこからはっきり浮かび上がることは、政府、軍の中央機関内で、グルーの登場はアメリカが早期和平を望んでいることを日本に示した明確なサインである、アメリカは、自国にとっては小さな、だが、日本にとっては重大な譲歩を提示することになるのは間違いない、こういった会話が交わされ、共通の認識となっていたということだ。

つぎに回顧録のなかで、だれもがこれらのことを述べようとしなかったのは、またべつの理由からであろう。虫のいい、間違った思い込みを頼りに、ずるずると時間を浪費した挙げ句の果て、原爆を投下される、ソ連が侵攻してくるといった無残、最悪な事態を招いてしまったのは、無能なお人好しだったと自嘲することではとても済まされないという、堪えることのできない恥ずかしさがあったことから、グルーにむなしい希望を抱いていたのだ、アメリカに手ひどく騙されたのだとは、とても記述できなかったのである。

じつを言えば、騙されたのは、首相の鈴木貫太郎や内大臣の木戸幸一、外務大臣の東郷茂徳、参謀総長の梅津美治郎、海軍大臣の米内光政といった日本の政策決定者だけではなかった。ジョゼフ・グルーもまた同じように騙されたのである。

些細な事柄とは言いがたい、この問題についての考究は、つぎの巻、おそらくはつぎのつぎの巻で論じることになる。いささかさきのことになるので、ここで簡単に説明することにしよう。

鈴木貫太郎、木戸幸一、梅津美治郎は自分たちが騙されたことをあとになって知ったが、その反省を口にはだせなかったのだとは語ったばかりだが、かれらは自分たちがどのように騙されたのか、ほんとうのことはなにひとつ気づいていなかった。

それは半世紀あとの研究者もまったく同じである。

その研究者のことになるが、かれらはルーズベルト大統領がグルーを登用したのはなぜなのかを考えることを忘れてしまっていると前に述べたが、グルーが主導権をとって、かれの計画どおり、かれが説いていたとおりに、日本を降伏させることができていたら、ルーズベルトがなにを考えていたのかを考究することを忘れることはなかったはずである。

新たに大統領となったトルーマンがグルーの計画を棚上げにしてしまったがために、どうしてグルーがルーズベルトによって登用されたのかを考えることをだれもが忘れてしまったのである。

では、トルーマンがグルーの計画を捨ててしまったのは、なぜだったのであろう。原爆を日本に投下するときまで、日本を降伏させるわけにはいかないと決めたからである。グルーも騙されたのだと前に記したが、かれの場合は、あとになれば、すべてのことを理解したはずである。自分の計画が棚上げされたのは、原爆を日本に投下するまで、日本をして戦いをつづけさせるためだったと気づいたにちがいない。

だが、かれはあとになっても、まことに恐ろしい、身の毛もよだつ大統領の計画を暴露することは慎重に避けた。

原爆の投下は必要なかったのだ、私の提案どおりにやれば、日本は降伏したのだと抗議するにとどめた。

思いだしてみよう。一九四四年、昭和十九年の末に国務次官になったグルーは日本に降伏を呼びかける機会を待った。

一九四五年、昭和二十年五月二十三日の夜と二十五日夜の二回の東京空襲のあとのことになる。かれは陸軍から廃墟になった東京中心部の航空写真を見せてもらったにちがいない。十年のあいだ、かれは赤坂の大使館の主人だったのだから、赤坂区、麴町区、そして東京の中心部がどんなになってしまったかをはっきり了解した。宮城内の主要な建物が灰となったことも知った。かれはいまこそと思った。

五月三十日の戦没将兵追悼記念日に大統領は国民に向かって、世界に向かって、演説をするのが恒例である。この日の演説を日本への降伏の呼びかけにしようとグルーは考えた。日本の皇室には手をつけないことを明示する意図だった。

かれはこれを大統領トルーマン、陸軍長官スティムソンらに提議した。ところが、曖昧な説明で反対されて、グルーの提案は受け入れられなかった。沖縄の戦いがまだつづいており、そのような宣言を発表すれば、日本の陸軍がアメリカは弱気になったと思い違いをするか、そんなたぐいの強弁を国民にしかねないからであろうとグルーは納得した。

六月十八日、すでに沖縄の戦いは七十九日目を迎え、残存する守備隊は南端の摩文仁《まぶに》の海岸に追いつめられていた。グルーは日本軍の抵抗は向こう一週間内に終わると思い、大統領に向かって、日本に降伏を呼びかける宣言をだすことを求めた。ところが、これも婉曲に拒否された。

グルーは不可解に思ったばかりか、非常に不快であった。

不可解だ、どうしてなのだろうと思ったのは日本の首相や内大臣、外務大臣、参謀総長、重臣たちも同じだった。五月下旬、六月十八日にはまだそう思わなくても、沖縄の失陥を正式に発表した六月二十二日以降、アメリカ政府は日本に向けて、和平を勧告してくるものと秘かに思っていた。不可解だ、なぜなのだろうと疑問や懸念を抱き、七月に入り、一日、一日とたつにつれ、どうしたらいいのだろうとかれらの不安はふくらむばかりだった。

不安感が大きくなっていたのはグルーも同じだった。だが、その中身はちがった。かれはソ連を疑問の余地のない敵だと思っていた。日本との戦争を早く終わりにできなければ、ソ連が戦いに加わり、満洲、華北、朝鮮は共産圏に入り、ソ連軍は北海道にも侵入する。グルーは東アジアはどうなってしまうだろうという大きな不安を抱いていたのである。

グルーがそのとき知らなかったこと、そして日本の枢要な地位にいた人びとが知らなかったことは、原爆の登場だった。日本側はアメリカが原爆の開発、製造をしていることをまったく知らなかった。グルーはそれを教えられはしたが、それを日本に使うと決まっていることを知らなかった。

原爆を是が非でも使うつもりでいたのがトルーマンだった。

ルーズベルトは一九四五年、昭和二十年四月に急死した。数カ月あとには完成する原爆をどのように利用するのかは、つぎの大統領トルーマンの考えで決まることになった。

行動方針のすべてを考えたのは、トルーマンがずっと兄事していた、そしてかれの指南役となったジェームズ・バーンズだった。

原爆を戦略兵器としてどのように使うかを考える軍事未来学者などいるはずはなく、原爆の外交利用のアイデアを研究する外交専門家もいなかった。バーンズがただひとり「世界を破壊できる爆発物」をどのように使ったら、どのような効果があるのかを思案し、余人を交えず、トルーマンと協議したのである。

この二人はこの未曾有の大量殺人兵器がすべての問題を解決してくれるものと信じた。クレムリンの指導者、延安の共産主義者をおとなしくさせることができると期待した。

そこで日本を一日も早く降伏させる必要などなくなったと二人は思った。

ところで、この新兵器の恐ろしさをしっかりとソ連に教え込むには、ほんとうの実験が必要だと二人は考えた。味方にも教える必要があった。

二十億ドルをかけた原爆の製造はそのときまで秘密のうちにすすめられていた。上院議員、そして副大統領となったトルーマンもまったく原爆の開発、製造を知らなかった。だが、戦争が終われば、原爆製造のための支出は議会の承認が必要になる。議員たちに本物の実験を見せなければ、かれらを納得させることができないと思った。

トルーマンとバーンズが考えたのは、最初の実験はアメリカ国内の砂漠でやるが、ほんとうの実験は二十五万人以上の市民が住む日本の都市でやらなければならないということだった。
そしてこの二人が意見の一致を見たもっとも重大なこと、二人だけの秘密とされたのは、日本の都市での原爆実験を完了するまで、絶対に日本をして降伏させてはならないということであったはずだ。

昭和二十年五月、六月、七月、日本の政府幹部がどのような考えを持っているのかは、東京とモスクワ、ベルン、ストックホルムとのあいだの外交電報をすべて解読していたから、アメリカ政府の首脳たちは日本側が和平を望んでいることを知り、降伏の条件がただひとつ、皇室存続であることをはっきり承知していた。もちろん、これはグルーが日本を降伏させるための条件として説いてきたことにほかならない。

そこで、それを削っての降伏を求める提言をおこなえば、日本側は「黙殺」するだろうということはわかりすぎるほどにわかっていた。バーンズはトルーマンに説明して、グルーがおこなった大規模な宣伝がいまこそ役に立つ、日本人はそれにしがみつき、間違いなく、こちらの譲歩をもう少し待とうとするだろうと笑みを浮かべ、これで原爆を日本に投下することができると語ったはずであった。

やがて詳しく書かねばならないから、ここまでにして、いままで述べたことをまとめよう。ルーズベルトは一九四四年、昭和十九年、すでにそのときはるかに優先順位の高い中国の明日の問題を考え、中国が内戦となることをなによりも恐れ、日本を一日も早く降伏させようとして、グルーを登用した。ところが、トルーマンは原爆がすべての問題を解決してくれると思い込み、グルーを追い払った。トルーマンの右腕であるバーンズが正式に国務長官となった一九四五年、昭和二十年七月はじめには、グルーは八月半ばの辞任を待たず、まったく力を失ってしまったのである。

もちろん、そのとき日本政府、軍の幹部たちはこうしたことを知るよしもなかったが、それから六十年のちの研究者もまたなにも気づいていないのである。

(22) ロバート・シャーウッド　村上光彦訳「ルーズベルトとホプキンズ　2」みすず書房　昭和三二年　三二一頁

(23) E・B・ポッター　南郷洋一郎訳「提督ニミッツ」フジ出版社　昭和五四年　三九九頁

(24) バーバラ・タックマン　杉辺利英訳「失敗したアメリカの中国政策　ビルマ戦線のスティルウェル将軍」朝日新聞社　平成六年　五一五頁

(25) Liu, Xiaoyuan. *A Partnership for Disorder*. p. 206.

(26)「失敗したアメリカの中国政策　ビルマ前線のスティルウェル将軍」四六三頁

(27) 付け加えておこう。「草思」（平成一三年八月号）に載せた私の「生誕百年を迎えた服部卓四郎と尾崎秀実」はこれを論じたものである。

(28)「昭和二十年　第9巻」四二五頁

(29)「昭和二十年　第9巻」三一六頁

(30) 山岡道男「アジア太平洋時代に向けて」北樹出版　平成三年　二八頁

(31)「東久邇日記　日本激動期の秘録」一六五頁

(32)「日本産業新聞」昭和二〇年二月一八日

(33) トーマス・B・ブュエル　小城正訳「提督・スプルーアンス」読売新聞社　昭和五〇年　三九四頁

(34)「大本営陸軍部戦争指導班　機密戦争日誌　下」防衛庁防衛研究所図書館蔵　錦正社　平成一〇年　六六八頁

(35)「日本産業新聞」昭和二〇年二月二〇日

(36)「朝日新聞」昭和二〇年二月一九日
(37)太田正雄「木下杢太郎日記　第五巻」岩波書店　昭和五五年　三八一頁
(38)清沢洌「暗黒日記　昭和17年12月9―昭和20年5月5日」評論社　昭和五四年　五五二頁
(39)「高見順日記　第三巻」勁草書房　昭和三九年　一四二頁
(40)「昭和二十年　第9巻」三四九―三五二頁
(41)「昭和二十年　第9巻」三五二頁
(42)「昭和二十年　第9巻」三四〇頁
(43)「昭和二十年　第9巻」四一四―四一七頁
(44)「芦田均日記　第一巻」六頁
(45)角田順「政治と軍事」光風社出版　昭和六二年　二九八頁
(46)「東久邇日記」一七一頁
(47)「伊沢多喜男、昭和二十年度手帳」
(48)大木操氏は昭和二十年四月十日の日記につぎのように記したにとどまる。「迫水が『戦うクレマンソー』を二万部（抜萃）撒布した、回収中」「大木日記」朝日新聞社　昭和四四年　二九〇頁
(49)佐々弘雄氏については「昭和二十年　第3巻」二二六頁を参照されたい。
(50)「昭和二十年　第7巻」四一三頁

第31章　近衛、木戸、天皇

(1)「細川日記」三七七頁

(2) B・パルミーロ・ボスケージ　下村清訳「イタリア敗戦記　二つのイタリアとレジスタンス」新評論社　平成四年　一八九頁
(3)「昭和二十年　第7巻」五三—五四頁
(4)「高木惣吉　日記と情報　下」八〇一頁
(5)「高松宮日記　第七巻」三一二頁
(6)「昭和二十年　第7巻」五三頁
(7)「昭和二十年　第1巻」八八—九六頁
(8)「昭和二十年　第8巻」一〇三頁
(9) 清沢洌「暗黒日記　昭和17年12月9—昭和20年5月5日」六一五頁
(10)「昭和二十年　第8巻」三〇頁
(11)「木戸幸一関係文書」四八四頁
(12)「天羽英二日記・資料集第4巻」天羽英二日記・資料刊行会　昭和五七年　二〇一頁
(13) 小山完吾「小山完吾日記」慶応通信　昭和三〇年　二八三—二八四頁
(14)「東久邇日記　日本激動期の秘録」一一〇頁
(15)「昭和二十年　第3巻」二六八頁
(16)「細川日記」一三五—一三七頁
(17)「昭和二十年　第8巻」三二一—三二五頁
「昭和二十年　第10巻」三〇—三一頁
(18)「昭和二十年　第1巻」一八七—一八九頁
(19)「高木惣吉　日記と情報　下」八五四頁
(20)「木戸幸一日記　下巻」一一九九頁

(21) 東郷茂彦「祖父東郷茂徳の生涯」文藝春秋　平成五年　三三二頁
(22)「昭和二十年　第8巻」二七四―二九〇頁
(23)「昭和二十年　第1巻」三六一―三六八頁
(24) 土門周兵「人物・戦車隊物語」光人社　昭和五七年　四二一―四三頁
角田順「政治と軍事」二九七頁
(25)「昭和二十年　第8巻」四〇四―四〇六頁
(26)「細川日記」三七七頁
(27) 矢部貞治「近衛文麿」読売新聞社　昭和五一年　六二七頁
(28) 東京大学百年史編集委員会「東京大学百年史部局史一」東京大学出版会　昭和六一年　二五〇頁
(29) 田中耕太郎「私の履歴書」春秋社　昭和三六年　七二頁
(30)「昭和二十年　第8巻」一九五―一九九頁
(31) 伊沢多喜男文書研究会「伊沢多喜男関係文書」芙蓉書房　平成一二年　五七八、五六五頁
　伊沢多喜男氏は昭和二十年の日記を残しているが、田中耕太郎氏との会談内容について日記になにも記していない。だが、ほかの機会に伊沢氏は部下、友人、知人にたいし、戦いつづけなければならないと説いたことを記している。間違いなく伊沢氏は田中氏にも、同じことを語ったはずである。
(32)「矢部貞治日記　銀杏の巻」七九六頁
(33)「昭和二十年　第1巻」二四二―二四九頁
(34)「昭和二十年　第3巻」七三―八五頁

(35)　渡辺茂雄「宇垣一成の歩んだ道」新太陽社　昭和二三年　一六三頁
(36)　「矢部貞治日記　銀杏の巻」八〇七頁
(37)　「矢部貞治日記　銀杏の巻」八〇七頁
(38)　「宇垣一成日記3」みすず書房　昭和四六年　一六三八頁
(39)　「矢部貞治日記　銀杏の巻」七九九頁
(40)　「高木惣吉　日記と情報　下」八八六頁
(41)　エドウィン・O・ライシャワー　徳岡孝夫訳「ライシャワー自伝」文藝春秋　昭和六二年　一五一頁
(42)　タカシ・フジタニ〈ライシャワー元米国大使の傀儡天皇制構想〉「世界」平成一二年三月号　一三九―一四〇頁
(43)　「昭和二十年　第8巻」三九四頁
(44)　「ライシャワー自伝」一五四頁
(45)　「ライシャワー自伝」一五七―一五八頁
(46)　ライシャワー氏の著書「日本への自叙伝」（NHK取材班・構成　大谷堅志郎訳　日本放送出版協会　昭和五七年）は奇妙な自己宣伝、自己顕示がときどき顔をだして読者を驚かせるが、グルー氏については、「日本人にも良い日本人と悪い日本人の別がある、と考えていた人です。ただし彼流の区別ですし、知っているのも日本のトップの階層の人たちに限られていました」（二七九―二八〇頁）と大先輩を冷たく突き放している。
(47)　山本武利「日本兵捕虜は何をしゃべったか」文春新書　平成一三年　一八二頁
(48)　「高木惣吉　日記と情報　下」八八六―八八七頁
(49)　「昭和二十年　第7巻」三二七頁

(50)「昭和二十年　第9巻」九四頁
(51)「昭和二十年　第9巻」一〇五頁
(52)「明石市史　下巻」明石市　昭和四五年　四六〇頁
(53)「西宮市史　第七巻　資料篇4」西宮市　昭和四二年　三〇三頁
(54)富永謙吾編「現代史資料39　太平洋戦争5」みすず書房　昭和五〇年　二九一頁
(55)「愛知時計電機85年史」二四二頁
(56)澤井達〈見果てぬ夢〉「滄溟　海軍経理学校補修学生第十期」文集刊行委員会　昭和五八年　一〇九一頁
　愛知航空機だけでなく、ほかの死者も加えてのことか、二千百八十人が爆死したという記述もある（「愛知県昭和史　上巻」愛知県　昭和四七年　七四一頁）
(57)東京大空襲を記録する会「東京大空襲の記録」三省堂　昭和五七年　二〇三頁
(58)今井清一「大空襲5月29日　第二次大戦と横浜」有隣堂　昭和五六年　二〇三頁
　横浜市の五月二十九日の死者の数は三千六百人の倍以上にのぼり、七千人を越すという推定もある（東野伝吉「昭和二十年五月二十九日」講談社　昭和四八年　一四六―一四七頁）
(59)大阪市史編纂所「大阪市の歴史」創元社　平成一一年　二九〇頁
(60)新修神戸市編纂委員会「新修神戸市産業経済編」神戸市　平成一二年　八八九頁
(61)「昭和二十年　第3巻」一二七―一三二頁
(62)本文三十九頁で触れたことでもあるが、念のために記しておこう。
　昭和二十七年に新聞月鑑社刊行の「終戦史録」に東京裁判における「木戸幸一口述書」、「松平康昌口述書」が収録されている（一九〇頁　一九三頁）
　木戸幸一氏はつぎのように述べている。

「松平恒雄宮内大臣とも相談してから重臣を個別拝謁させて現下の難局に対する所信を言上せしめることにしました」

また松平康昌氏はつぎのように述べている。

「平和回復の必要に関する重臣の意見を陛下に聴いていただくために、木戸侯は重臣達を一人一人伺候させるように計らいました。但軍部に怪しまれないとも限らないので、同時に重臣全部を謁見せられるように計らうことが出来ませんでした。

これが遂行されたのは昭和二十年二月のことであります」

二月の重臣拝謁問題について、私は木戸幸一氏と松平康昌氏はともに意識的に皇太后のことには触れなかったのだと理解している。重臣の拝謁が皇太后の発意でおこなわれたことは、「昭和二十年　第9巻」の四三四頁、四八一頁で説明した。

(63) 「昭和二十年　第3巻」一三九頁

(64) 「昭和二十年　第8巻」二五六頁

(65) 「細川日記」三五一頁

(66) 「終戦史録」新聞月鑑社　昭和二七年　三九八頁

(67) 「昭和二十年　第9巻」四一八頁

(68) 「昭和二十年　第7巻」四〇〇頁

(69) 松村謙三「三代回顧録」東洋経済新報社　昭和三九年　二二六頁

(70) 「木戸幸一日記　下巻」一二〇九頁

(71) 「昭和天皇独白録」文藝春秋　平成三年　一二二頁

(72) 「徳川義寛終戦日記」二二四頁

(73) 本文中に述べたとおり、内大臣の木戸幸一氏は昭和二十年五月九日と六月一日に南原繁氏と高木八尺氏に会っている。木戸氏は自分の手帳には二人が語った要点を記したはずだが、日記にそれを写すことはしなかったし、のちにこれについて語ったこともない。

南原繁氏と高木八尺氏はかれらが内大臣になにを説いたのか、まったく記録を残していないし、のちに語ることもしなかった。

昭和天皇もまた南原氏と高木氏がなにを説いたかは語っていない。

だが、南原氏と高木氏はそのとき海軍大学校研究部に籍を置いていた高木惣吉氏と昭和二十年六月八日と六月十五日に会見している。高木惣吉氏は丁寧な記録を残している。(「高木惣吉日記と情報　下」八八一―八八二頁、八八六―八八七頁)

南原氏と高木氏が高木惣吉氏に説いたのと同じことを木戸幸一氏に語ったことは間違いなく、木戸氏はこれを天皇に言上したものと私は考えている。そして、それを言上したのは昭和二十年六月九日だったと私は推測する。

(74) 「昭和二十年　第9巻」三四一頁
(75) 「昭和二十年　第9巻」三二五―三二六頁
(76) 「昭和二十年　第9巻」三〇四―三四二頁
(77) 「昭和二十年　第9巻」三二八―三二九頁
(78) 「昭和二十年　第7巻」三五六頁
(79) 今日出海〈山中放浪〉「戦争文学全集　第四巻」毎日新聞社　昭和四六年　四八頁
(80) 大佛次郎「大佛次郎　敗戦日記」草思社　平成七年　二二四頁
(81) 〈山中放浪〉「戦争文学全集　第四巻」六四頁
(82) 「昭和二十年　第8巻」一三九頁
(83) 福井勉「アシン河　比島敗走記」自費出版　平成五年　二五―五八頁

（84）総理府統計局「昭和十九年人口調査集計結果摘要」日本統計協会　昭和五二年　一一八頁
（85）Gow, Ian. *Okinawa 1945 Gateway to Japan.* London: Grub street. 1986, p. 204.
（86）荒井紀雄「戦さ世の県庁　記録集成」自費出版　平成四年　一四七頁
（87）財団法人沖縄県文化振興会・編「沖縄県史　資料編12アイスバーグ作戦　沖縄戦5」沖縄県教育委員会　平成一三年　四二七頁
（88）上原正稔訳編「沖縄戦アメリカ軍戦時記録」三一書房　昭和六一年　一五一頁
（89）「沖縄戦アメリカ軍戦時記録」一八九頁
（90）企画部市史編集室「那覇市史　資料篇第二巻中の6」那覇市役所　昭和四九年　三二一頁
（91）第三十二軍の高級参謀だった八原博通氏はのちに、「避難民は……知念方面への避難は、一応指示してあるはずだった。……この指令は各機関の努力にかかわらず、十分に徹底しなかった憾みがある」（八原博通「沖縄決戦」読売新聞社　昭和四七年　三二八頁）と述べている。

だが、「戦史叢書　沖縄方面陸軍作戦」（朝雲新聞社　昭和四三年　六一九―六二〇頁）によれば、「軍司令官は五月二十二日、首里周辺の非戦闘員の島尻への撤退を指示した」と述べている。そして、島田叡県知事に向かっては首里から十キロ南の与座岳の壕に行くように指示している。それから一週間あとの五月二十九日、退却する軍隊に巻き込まれた避難民の混乱に慌て、おそらくは非戦闘員の大きな犠牲に気づいてのことであろうが、後退さきの与座岳の壕で第二十四師団参謀、杉森貢少佐は島田知事、荒井退造警察部長に向かって、知念に行くようにと説いたようであった。だが、避難民にそれを知らせるすべがなく、知念にはすでに敵軍が入っていて、どうにもならなかった。

六月九日には、荒井警察部長は警察警備隊の解散を命じることになり、沖縄県警察部は事実上、消滅した。（荒井紀雄「戦さ世の県庁」一五四頁）

(92) 河辺虎四郎「市ヶ谷台から市ヶ谷台へ」時事通信社　昭和三七年　二四一頁
(93)「朝日新聞」昭和二〇年六月四日
(94) 島木健作「扇谷日記」文化評論社　昭和二二年　一五七―一五八頁
(95)「高見順日記　第四巻」勁草書房　昭和三九年　一〇八頁
(96)「大佛次郎　敗戦日記」二三三頁
(97) この随筆は〈鎮西八郎為朝〉と題して「週刊朝日」の昭和二十年六月十七日号に載った。大佛次郎氏は昭和十八年十月に同盟通信社の嘱託として南方に行く途中、輸送機の給油のために那覇に降り、明日の朝は早いと知りながら、夜の町にでかけ、芝居小屋で馬琴の「弓張月」の一段を翻案した芝居を観た。その思い出を記し、さらに書き加え、那覇、首里、そして沖縄の運命に思いをはせたのである。
(98)「木戸幸一日記　下巻」一二〇八頁
(99) 小川金男「宮廷」日本出版協同株式会社　昭和二六年　九七―九八頁
(100)「徳川義寛終戦日記」五一七頁
(101) 宮内庁「明治天皇紀　第八巻」吉川弘文館　昭和四八年　五五頁

*本書は、二〇〇二年に当社より刊行した著作を文庫化したものです。

草思社文庫

昭和二十年
第10巻　天皇は決意する

2016年4月8日　第1刷発行

著　者　鳥居　民
発行者　藤田　博
発行所　株式会社 草思社
〒160-0022　東京都新宿区新宿5-3-15
電話　03(4580)7680(編集)
　　　03(4580)7676(営業)
http://www.soshisha.com/

本文印刷　株式会社 三陽社
付物印刷　日経印刷 株式会社
製本所　大口製本印刷 株式会社
装幀者　間村俊一（本体表紙）

ISBN978-4-7942-2198-8　Printed in Japan

鳥居民著　昭和二十年　シリーズ13巻

第1巻　重臣たちの動き

☆　1月1日～2月10日

米軍は比島を進撃、本土は空襲にさらされ、日本は風前の灯に。近衛、東条、木戸は正月をどう迎え、戦況をどう考えたか。

第2巻　崩壊の兆し

☆　2月13日～3月19日

三菱の航空機工場への空襲と工場疎開、降雪に苦しむ東北の石炭輸送、本土決戦への陸軍の会議、忍び寄る崩壊の兆しを描く。

第3巻　小磯内閣の倒壊

☆　3月20日～4月4日

内閣は繆斌工作をめぐり対立、倒閣へと向かう。マルクス主義者の動向、硫黄島の戦い、岸信介の暗躍等、転機の３月を描く。

第4巻　鈴木内閣の成立

☆　4月5日～4月7日

誰もが徳川の滅亡と慶喜の運命を今の日本と重ね合わせる。開戦時の海軍の弱腰はなぜか。組閣人事で奔走する要人たちの４月を描く。

第5巻　女学生の勤労動員と学童疎開

☆　4月15日

戦争末期の高女生・国民学校生の工場や疎開地での日常を描く。風船爆弾、熱線追尾爆弾など特殊兵器の開発にも触れる。

第6巻　首都防空戦と新兵器の開発

☆　4月19日～5月1日

厚木航空隊の若き飛行機乗りの奮戦。電波兵器、ロケット兵器、人造石油、松根油等の技術開発の状況も描く。

第7巻　東京の焼尽

☆　5月10日～5月25日

対ソ工作をめぐり最高戦争指導会議で激論が交わされるなか帝都は無差別爆撃で焼き尽くされる。市民の恐怖の一夜を描く。

第8巻　横浜の壊滅

☆　5月26日～5月30日

帝都に続き横浜も灰燼に帰す。木戸を内大臣の座から逐おうとするなど、戦争終結を見据えた政府・軍首脳の動きを描く。

第9巻　国力の現状と民心の動向

☆　5月31日～6月8日

資源の危機的状況を明らかにした「国力の現状」の作成過程を詳細にたどる。木戸幸一は初めて終戦計画をつくる。

第10巻　天皇は決意する

☆　6月9日

天皇をめぐる問題に悩む要人たち。その天皇の日常と言動を通して、さらに態度決定の仕組みから、戦争終結への経緯の核心に迫る。

第11巻　本土決戦への特攻戦備

6月9日～6月13日

本土決戦に向けた特攻戦備の実情を明らかにする。グルーによる和平の動きに内閣、宮廷は応えることができるのか。

第12巻　木戸幸一の選択

6月14日

ハワイ攻撃９日前、山本五十六と高松宮はアメリカとの戦いを避けようとした。隠されていた真実とこれまでの木戸の妨害を描く。

第13巻　さつま芋の恩恵

7月1日～7月2日

高松宮邸で、南太平洋の島々で、飢えをしのぐためのさつま芋の栽培が行われている。対ソ交渉は遅々として進まない。

☆は既刊。以降、各偶数月に1巻ずつ刊行予定。

草思社文庫既刊

鳥居 民

日米開戦の謎

昭和十六年の日米開戦の決断はどのように下されたのか。避けなければならなかった戦いに、なぜ突き進んでいったのか。当時の政治機構や組織上の対立から、語られることのなかった日本の失敗の真因に迫る。

鳥居 民

原爆を投下するまで日本を降伏させるな

なぜ、トルーマン大統領は無警告の原爆投下を命じたのか。なぜ、あの日でなければならなかったのか。大統領と国務長官のひそかな計画の核心に大胆な推論を加え、真相に迫った話題の書。

鳥居 民

近衛文麿「黙」して死す

昭和二十年十二月、元首相・近衛文麿は巣鴨への出頭を前にして自決した。近衛に戦争責任を負わせることで一体何が隠蔽されたのか。文献渉猟と独自の歴史考察から、あの戦争の闇に光を当てる。